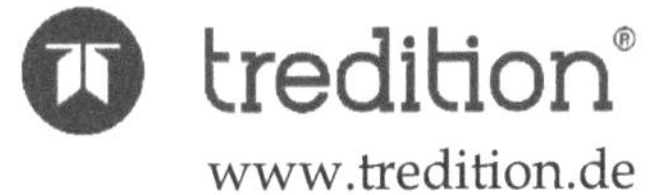

www.tredition.de

Alexander Trierweiler

Depressionismus für Anfänger

Gurken in der Auslegware

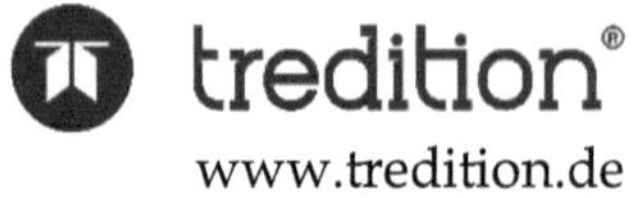

Wenn man kurz davor ist, seine literarischen Auswürfe einer etwas breiteren Öffentlichkeit zugänglich zu machen, dann steht man vor der unweigerlichen Tatsache, dass man noch den einen oder anderen Text braucht, der etwas über das Werk, und bestenfalls auch den Autor, aussagt, ohne den geneigten Leser gleich auf einer kilometerlangen Schleimspur ausrutschen zu lassen.

Aus diesem Grund bat ich meine liebe Freundin Catharine Buck, mit der ich längere Zeit auf musikalischer Ebene gearbeitet hatte, ein paar freundliche und informative Zeilen für meine erste Veröffentlichung zu verfassen.

An dieser Stelle also nochmals herzlichen Dank dafür.

Das Bundesministerium für Gesundheit schätzt, dass weltweit ungefähr 350 Millionen Menschen unter einer Depression leiden. Depressive Störungen gehören zu den häufigsten Erkrankungen und werden hinsichtlich ihrer Schwere häufig unterschätzt. Eine depressive Erkrankung kann viele Gesichter haben. Alle sind hässlich. Neben Freude- und Interessenverlust können die Betroffenen sich nicht mehr leistungsfähig fühlen oder sich zu nichts mehr aufraffen. Es kann zu Angstgefühlen oder zu körperlichen Symptomen wie Schlaflosigkeit oder Appetitverlust kommen. Im schlimmsten Fall kommt es zur Selbsttötung. Laut statistischem Bundesamt gab es 2009 in Deutschland 9571 Suizide und 4152 tödliche Autounfälle. Mehr als doppelt so viele Menschen, wie im Straßenverkehr sterben, töten sich selbst! Schätzungen nach verursachen Depressionen ungefähr die Hälfte der Selbstmorde. Wenn jemand mit einem gebrochenen Bein mit Krücken in einen Bus einsteigt, sehen die anderen Menschen sofort seine Not und können ihn unterstützen, indem sie zum

Beispiel ihren Sitzplatz anbieten. Betritt ein depressiver Mensch einen Bus, sieht ihm seine Krankheit niemand an. Dazu kommt, dass eine Depression häufig mit Schwäche konnotiert wird. Man war „nicht stark genug" und ist krank geworden. Diese folgenschwere Fehleinschätzung führt dazu, dass Betroffene sich nicht trauen, über ihre Erkrankung zu sprechen und so keine notwendige Behandlung, beispielsweise psychotherapeutisch oder zunächst medikamentös, in Anspruch nehmen. Einer der Gründe, warum man vor Alexander Trierweiler den Hut ziehen muss, ist, dass er mit diesem Buch ein Tabu bricht und über seine Depression schreibt. Mutig und offen beschreibt er seine Gefühle und Erfahrungen, selbstironisch, wortgewandt, saukomisch. Ein anderer Grund ist, dass er niemals seinen Humor, sei er auch noch so schwarz, verloren hat. Und ich wünsche mir wirklich, dass er das niemals wird.

Catharine Buck

Catharine Buck

geb. 1985 im schönen Norddeutschland.

Machte eine Ausbildung zur Buchhändlerin in Buxtehude, studierte anschließend Psychologie in Trier.

Momentan befindet sie sich in der Weiterbildung zur Psychotherapeutin. Sie arbeitet in einer Psychiatrie und beim Krisendienst, macht Musik und setzt sich für Tierrechte ein.

2015 erschien ihr Lyrikband *Wandlungen*.

Ich widme dieses literarische Machwerk meiner geliebten Jacqueline.

Hätte es Dir nicht gefallen, wäre es nie geschrieben worden.

Vorwort

Die finstere Nacht ist unbeschadet überstanden, und nicht nur der neue Tag zeigt sein frisches und unverbrauchtes Gesicht, sondern auch die feurige Himmelskugel leuchtet hoch oben am Firmament, und wärmt mit ihren sommerlichen Strahlen die nach wohligen Temperaturen begierigen Menschen auf der Erdoberfläche - nur eben leider gerade irgendwo anders, denn ich habe hier eine satte Wolkenschicht vorm Fenster.

Also der perfekte Tag um das Vorwort für mein kleines, bescheidenes Buch zu schreiben, vor allem aber weil ich genau weiß, dass mir niemand diese Arbeit freiwillig und ohne Bezahlung abnehmen wird.

Warum schreibe ich also ein Buch, wenn es doch wesentlich zeitsparender wäre mir eins zu kaufen?

Ich schreibe dieses monumentale, literarische Meisterwerk, weil mir mein Psychotherapeut schon mehrere Male auf eindringlichste Art und Weise schriftstellerisches Talent attestiert hat, und er mich immer wieder drängte, meine Erlebnisse und Erfahrungen, die mich in seine psychologisch geschulten Arme trieben, auf stabiles Papier zu schreiben, und nicht immer nur in weiches Papier zu schluchzen.

Ob er wirklich von meinem Talent überzeugt ist, oder ob er nur verzweifelt eine Möglichkeit sucht, für mich einen Weg zu finden, mit dem ich mich eines Tages in der Lage befinden werde sein nicht ungerechtfertigtes Honorar bezahlen zu können, sei jetzt einfach mal dahin gestellt.

Was übrig bleibt ist die Frage: Für wen ist dieses Buch?

Es ist in erster Linie ein Buch für Menschen, die an Depressionen erkrankt sind. Allerdings auch für Menschen, deren Angehörige an Depressionen erkrankt sind. Und natürlich auch für Menschen, die schon immer gerne mal selbst so eine Depression haben wollten.

Bitte denken Sie einmal kurz über folgendes nach:

Die Chance auf sechs Richtige im Lotto, plus korrekter Superzahl, liegt bei unglaublichen 1 : 140 Millionen. Die Wahrscheinlichkeit, dass ein Mensch vom Blitz getroffen wird, liegt bei etwa 1 : 20 Millionen. Es werden also eher 7 Menschen vom Blitz getroffen, bevor auch nur einer im Lotto gewinnt. Auch die Möglichkeit bei einem Autounfall zu sterben ist um einiges größer, und liegt bei unglaublichen 1 : 10.000. Es sterben also eher 10.000 Menschen bei einem Autounfall, als dass auch nur einer den Jackpot abräumt. Aber jetzt mal ganz ehrlich: Wer die von der Natur geblitzten Kollateralschäden, sowie die verkehrsverursachten Todesopfer billigend in Kauf nimmt, nur um sich leichtfertigerweise an einem schnöden Lottogewinn zu bereichern, dem würden Sie doch bestimmt auch wünschen, dass ihn der Blitz beim Scheißen trifft, oder?

Aber was bedeuten jetzt die ganzen Zahlen?

Mit abnehmenden positiven Erwartungen steigen also Ihre Gewinnchancen immens.

Salopp gesprochen: Es ist wahrscheinlicher, dass Ihnen etwas Schlimmes passiert, als etwas Gutes.

Und wenn man jetzt noch davon ausgeht, dass in Deutschland bereits über vier Millionen Menschen an einer Depression erkrankt sind, können Sie sich in etwa selbst ausrechnen wann es Sie trifft, sofern dieser Blitz bisher an Ihnen vorbei gegangen sein sollte.

Falls es Sie jedoch schon erwischt hat, und Sie stolzer Besitzer einer depressiven Erkrankung sind, so können Sie sich jetzt ganz entspannt zurücklehnen, und die folgenden Kapitel in aller Ruhe über sich ergehen lassen, denn die Wahrscheinlichkeit, dass Sie während der Autofahrt zur Bank, um Ihren Lottogewinn abzuheben, von einem Blitz getroffen werden, noch bevor Sie dieses Buch zu Ende gelesen haben, ist unwahrscheinlich gering.

Kapitel 1

Zurück auf Anfang

Ich erblickte das Licht dieser Welt bereits in sehr jungen Jahren, und zwar in einer kleinen Ein-Familien-Blockhütte, die ich gemeinsam mit meinem Vater kurz vor meiner Geburt, in einem lauschigen Waldstück am Rande der Pfalz, errichtet hatte. Und bevor ich „Pterodactylus" sagen konnte, war ich fünf Jahre alt.

Meine Kindheit verbrachte ich in einem traumhaft süßen, kleinen Ort an der Obermosel. Mittlerweile ist dieser Ort ein wenig größer geworden, aber das bin ich ja auch. Meine frühen Jahre verliefen dort eher ruhig und unspektakulär, womit wir dann auch den Abschnitt über meine Kindheit und Jugend getrost abschließen können, um uns dem daraus hervorgewachsenen Problemmensch in aller Gänze zuwenden zu können.

Also wer ist der Autor dieses Werkes? Was ist er für ein Mensch? Welche Motivation hat er? Und warum schreibt er gerade von sich selbst in der dritten Person?

Die altbekannte Sinnfrage nach dem „Wer bin ich?" hat die Menschheit schon immer interessiert und beschäftigt, und das nicht erst seit Robert Lembke, der mit seinem Ratefuchs Guido Baumann einen brillanten Kopf in seiner Fernsehsendung hatte, der wahrscheinlich wie aus der Pistole geschossen gesäuselt hätte, dass die Sendung eigentlich „Was bin ich?" heißt, aber das sind nur Haarspaltereien in der gestreuten Unendlichkeit des puren Seins, und der unbewussten Leichtigkeit des Universums, welche ein sinnvolles Ende dieses Satzes geradezu unmöglich machen.

Vielleicht sehen Sie die dramatisch ausufernde Komplexität der Frage in ihrer ganzen, vereinfachten Formulierung, wenn Sie einmal versuchen die gleiche Frage auf sich selbst zu beziehen, und für Ihre Person entsprechend zu beantworten.

Auf Grund der Pisa-Studien im vergangenen Jahrzehnt, und der unglaublichen volkstümlichen Intelligenz die zur Zeit bundesweit grassiert, und einen unwahrscheinlich hohen Intellekt assoziiert, müsste meine Antwort auf die Frage „Wer bin ich?" so gesehen lauten: Ich bin der Alex.

Die Frage nach dem *Wer* oder *Was* wir sind, und was wir für eine Rolle in der Geschichte der Schöpfung spielen, ist genau so existentiell und grundlegend, wie die eigentliche Frage nach dem Sinn des Lebens. Diese Fragen sind, meines Erachtens nach, schon seit Anbeginn der Menschheit völlig überbewertet, und ich muss Sie leider enttäuschen, wenn ich Ihnen verkünde, dass die Antworten auf diese Fragen äußerst unspektakulär und ernüchternd sind, und wenn Sie die Antworten wüssten, würden Sie mir sofort und auf der Stelle Recht geben, das können Sie mir unbesehen glauben.

Die eigene Analyse, zu definieren wer man selbst ist, kann eine der schwersten und deprimierendsten Erfahrungen im Leben eines Menschen sein, die man nur durchleiden kann. Die meisten Leute scheren sich einen Dreck darum es herauszufinden. Und sie leben ihr unbeschwertes Leben in dem irrsinnigen Glauben, dass alles schon so seine Richtigkeit hat. Sehr viele Menschen leben auf diese Art glücklich in naiver Unwissenheit, bis ihnen eines Tages die Zeit davon läuft, und sie endlich merken, dass auch ihr Dasein auf Erden nicht wirklich unbegrenzt ist. Völlig panisch versuchen sie die verlorene Zeit wieder zurück zu holen, was allerdings ein ziemlich sinnloses Unterfangen ist.

Ich befinde mich in der zweiten Hälfte meines Lebens, und es ist nicht wirklich beruhigend zu wissen, dass es nur zwei Hälften gibt. Aber Jammern hilft jetzt auch nicht unbedingt weiter. Ich habe eben jetzt die Möglichkeit für mich den Sinn des Lebens in Angriff zu nehmen, und bestenfalls zu erreichen.

Denn wenn eines Tages der Sensenmann vor meiner Türe steht, hilft es wahrscheinlich wenig, wenn ich ihm sage, dass der Rasen links hinterm Haus ist.

Und falls es überraschender Weise doch etwas bringen sollte, dann habe ich zumindest endlich Gewissheit über die Richtigkeit der vergangenen Pisa-Studien, und der Sensenmann ist ein ehemaliger BWL-Student.

Ich schließe mich von der landläufigen Unterbildung allerdings ebenso nicht aus. Mit Mittlerer Reife und einer handwerklichen Ausbildung ist heutzutage eben auch kein Blumentopf mehr zu bewässern. Freimütig gebe ich zu Protokoll, dass ich nicht unbedingt die hellste Kerze im Leuchter bin, und meine Vermutung zeigt sich bekräftigt, wenn ich behaupte: Als Gott die Intelligenz verteilte, war ich gerade auf dem Klo.

Aber wenn ich mich dann draußen auf der Straße umsehe, muss ich sagen, wenn es denn so gewesen ist, könnte es auf dem Lokus ziemlich überfüllt gewesen sein.

Man stelle sich einfach eine Toilette vor, so groß wie Kanada. Das ist selbstverständlich nur ein Vergleich, den Sie bitte nicht fehl deuten dürfen. Ich sage nicht, dass Kanada ein Scheißhaus wäre. So etwas würde ich niemals tun, denn ich finde Kanada ist ein wunderschönes Land, und es ist eins meiner erklärten Ziele, dass ich dieses Land irgendwann einmal besuchen möchte, bevor ich meine irdische Hülle abstreife, dem Fährmann Charon zwei Kupfermünzen in die knochige Hand drücke, damit er mich sicher über den Styx geleitet, hinüber in das finstere Reich der Toten. Und wenn er mich fragen sollte, wofür die zweite Kupfermünze ist, so werde ich ihm aufrichtig antworten: Für die Rückfahrt!

Kapitel 2

Was kostet ein Lächeln?

Schon damals, vor vielen, vielen Jahren, in der teuren, verblassten Vergangenheit, als es noch die gute alte D-Mark gab, und ein Schokoriegel nur 25 Pfennige kostete, lernte ein junger Mann, wie ich einer war, recht schnell, dass man bei einem hübschen Mädchen mit einem Lächeln weiter kommen konnte, als mit einem bunten Strauß Tulpenzwiebeln. Natürlich kam man mit einem Lächeln *und* einem Schokoriegel noch ein ganzes Stückchen weiter, aber da die Zeiten hart waren, und das Geld knapp, muss ich Ihnen heute schonungslos offen gestehen, dass ich in meiner Jugend verdammt viel gelächelt habe.

Ich hatte nun mal das Glück schon in sehr jungen Jahren geboren zu werden, und ich bin froh zu wissen, dass ich nicht mehr auf dieser Welt wandeln werde, wenn der Letzte hier das Licht ausmacht. Nach der derzeitigen Lage kann das zwar nicht mehr allzu lange dauern, aber ich bin frohen Mutes, dass die Menschheit ihr endgültiges Ende erst in etwa 93 Jahren einläuten wird. Obwohl natürlich fieberhaft in der Medizin weiter geforscht wird, um das menschliche Leben um ein Vielfaches in die Länge zu ziehen, damit auch so viele wie möglich den finalen Knall miterleben können.

Kennen Sie das auch? Dieses Phänomen, welches einen ereilt, sobald man eine gewisse Altersgrenze am Horizont erkennen kann, die winkend und jubilierend auf einen zu gelaufen kommt, und man sich einen Grenzposten der ehemaligen DDR herbei wünscht, der diese unter Androhung von Waffengewalt wieder zurückschickt, so dass einen niemals die grausame Dreißig erreicht?

Obwohl einigen Frauen dieses Wunder schon irgendwie geglückt zu sein scheint, denn sie gehen seit fast zehn Jahren auf die Dreißig zu, allerdings ist dabei die Richtung aus der sie kommen äußerst fraglich. Denn mit der modernen chirurgischen Medizin hat der

Mensch ja heute auch ungeahnte Möglichkeiten.

Wir sind eine jugendliche Spaßgesellschaft, die sich Sorgen und Falten gleichermaßen wegspritzen lässt, und alle sind jung, dynamisch und gut aussehend, und zumindest noch beim weiblichen Geschlecht mit dicken Titten.

Es will doch heute kein Mensch alt sein. Die jungen Leute träumen zwar alle davon, dass sie irgendwann mal alt werden, aber niemand möchte doch auch wirklich alt sein?

Nein, es ist kein Spaß mehr, schon gar nicht für Menschen wie mich, die nicht mehr zur Jugend gehören, aber auch noch nicht richtig alt sind. Und ich fühle mich auch noch nicht alt, aber sagen Sie das mal einem jungen Menschen. Wenn ich eine junge Frau kennen lerne, und die Sprache auf das Alter kommt, dann ernte ich immer diesen merkwürdigen, mitleidigen Blick, als hätte sie gerade meine Krankenakte eingesehen, in der steht, dass es mit mir zu Ende geht.

Natürlich geht es mit mir <u>nicht</u> zu Ende, aber jedes Mal, wenn ich eine solche Mitleidsabfuhr von einer Frau erhalte, lasse ich mich zur

Sicherheit von meinem Arzt untersuchen, um wenigstens dort eine Bestätigung zu bekommen. Ich habe auch schon mit dem Gedanken gespielt, die Sprechstundenhilfe mal zum Essen einzuladen, aber ich kann mir nicht vorstellen etwas mit einer Frau anzufangen, die weiß, wie meine Thrombozyten aussehen.

Mein Therapeut meinte in solchen Momenten immer: Sie müssen sie ja nicht gleich heiraten!

Ja, dieser Mann kannte das Fiasko mit meiner Ex-Frau, und konnte es nicht lassen mich auf diese lustige Art und Weise immer wieder daran zu erinnern. Das wurde schon zu einem richtigen Running-Gag zwischen uns beiden, wenn ich ihm von einer interessanten Frau erzählte, mich aber wie eine Jungfrau davor zierte, diese näher kennen zu lernen:

Sie müssen sie ja nicht gleich heiraten.

Über das Alter spricht man gewöhnlich nicht, aber für Menschen wie mich ist es nun mal eine durchaus willkommene Gelegenheit sich den Alterungsprozess schön zu reden. Dabei ist das Altern, so gesehen, keine große Sache. Man muss keine aufwändige Leistung erbringen, um ein gewisses Alter zu erreichen, sondern einfach nur lange genug leben.

Wo rennt die Zeit also hin? Auch wenn es einem manchmal so vorkommt, als würden die Tage nie vorübergehen, so ziehen dann doch die Wochen relativ schnell von dannen. Und ich habe immer das Gefühl, dass es schlimmer wird, je älter ich werde. Wenn man ein bestimmtes Alter erreicht hat, wundert man sich immer mehr, wie schnell die Zeit doch vergeht, wahrscheinlich auch, weil man ja immer wenigstens ein Auge auf die Zeit gerichtet haben sollte, die einem noch bleibt.

Die Jüngeren hier werden darüber wahrscheinlich nur lauthals lachen, aber ich kann euch sagen, es geht früher los, als ihr vielleicht glaubt. So mit etwa 25/26 Jahren läuft die Zeit ein klein wenig schneller, als normal. Es mag euch dann noch nicht so sehr auffallen, aber wenn ihr erst nochmal etwas älter seid, werdet ihr euch fragen, wann das wohl angefangen hat, mit dieser bösen, ständig davonlaufenden Zeit. Und dann erkennt auch ihr, dass der Verfall früher beginnt, als man vermutet hatte.

Der Tod gehört zu den wenigen Tabuthemen unserer Gesellschaft, und die Jugend ignoriert ihn auch dann noch, wenn sie nach der Disco mit 2,8 Promille im vollbesetzten Auto mit 180 Sachen durch die Ortschaft semmeln, um auch möglichst schnell nach Hause zu kommen, bevor ihnen etwas schlimmes passiert. Wer schneller fährt, kommt früher an. Und dann nutzen einem auch sämtliche Träume nichts mehr, die man vielleicht noch hatte, und von denen man sich wünschte, sie mögen eines Tages in Erfüllung gehen.

Denn was hatte *ich* nicht alles für Träume in meiner Jugend? Zum Glück bin ich schon so alt, dass ich mich an die meisten gar nicht mehr erinnern kann. Aber die markantesten sind doch in meinen Hirnwindungen hängen geblieben, haben dort Wurzeln geschlagen, und einmal in der Woche werden sie abgestaubt und gegossen.

Meine Güte, ich wollte immer heiraten, und glaubte immer an die große Liebe, die auf jeden von uns wartet. Ich wollte ein Häuschen im Grünen, und einen guten Job haben, der mich erfüllt und fordert, und mit dem ich einen Haufen Geld verdienen würde, damit ich auch genug habe, um alles meiner Frau bei unserer

Scheidung, auf Anraten meines Anwalts, kampflos überlassen zu dürfen.

Ich habe mir das Leben immer einfacher vorgestellt. Und wenn ich so zurück blicke, dann muss ich mir immer wieder selbst eingestehen, was für ein naiver Volltrottel ich doch gewesen bin. Man weiß etwas erst zu schätzen, wenn es nicht mehr da ist. Und weil ich eben nie besonders viel hatte, bin ich eigentlich ganz zufrieden mit meiner aktuellen Lage, und frage mich, warum ich eigentlich seit vierzehn Seiten nur am Jammern bin? Denn viele Menschen wünschen sich doch, dass sie die Zeit nochmal zurückdrehen könnten, um die Fehler zu vermeiden, die sie in der Vergangenheit gemacht haben. Aber würde das nicht dem gültigen Prinzip der modernen Gesellschaft widersprechen, sich selbst so zu mögen und zu akzeptieren, wie man ist?

Und ist nicht das, was wir sind, die Summe unserer Erfahrungen, Erlebnisse und Fehlentscheidungen unserer Vergangenheit? Wenn wir also die Möglichkeit hätten unsere Vergangenheit zu ändern, wären wir im Anschluss noch die gleichen Menschen? Und würden wir uns so mögen? Wie würde unser Umfeld aussehen? Würden wir immer noch die gleichen Menschen kennen, oder den gleichen Partner haben? Wäre es uns wirklich so wichtig das alles wegzuwerfen, nur für die eventuelle Möglichkeit ein "besseres" Leben zu bekommen?

Ich habe mir auch schon oft vorgestellt wie es wäre, wenn ich die Vergangenheit rückgängig machen könnte, und doch würde ich es nie wirklich tun, denn ich mag die Menschen in meinem Umfeld, und ich mag auch das, was ich erreicht habe, auch wenn das nicht wirklich viel ist.

Man darf ja ruhig krank sein, aber niemals dumm. Natürlich wäre ich gerne gesund im Kopf, und ich würde auch gerne auf Medikamente verzichten, die es mir zur Zeit erst ermöglichen, jeden Morgen aufzustehen. Mein Leben könnte soviel einfacher sein, wenn ich mir nicht tagtäglich den Kopf zerbrechen würde, über die wichtigen Fragen des Lebens, oder aber auch über so existentielle Dinge wie, ob ich jetzt das dreilagige oder doch das vierlagige Toilettenpapier kaufen soll, wobei das dreilagige doch nach Aloe Vera duftet.

Letztendlich interessiert es aber keinen Arsch, und es ist für unsere aufgeklärte Gesellschaft auch nicht zu verstehen, warum *wir* uns über alles mögliche tagtäglich das Hirn zermartern, wo es doch auch das fünflagige mit Kamille-Extrakt gibt.

Man kann also den Sinn des Lebens anhand eines Einkaufszentrums wirklich für jedermann verständlich erklären. Denn wir alle betreten es auf die gleiche Weise, wir nehmen hier und dort etwas für unser Leben mit, und am Ende müssen wir doch alle unsere Schuld bezahlen und gehen.

Der Tod ist unser ständiger Begleiter, und wenn man das mal begriffen und akzeptiert hat, lebt man einfach besser mit dem Gefühl nicht immer allein sein zu müssen. Auch wenn alle anderen dich verlassen haben, so bleibt dir einer treu, der nicht von deiner Seite weicht. Und wenn die Zeit dann wirklich einmal reif sein sollte, kann ich ihm immer noch sagen, dass der Rasen links hinterm Haus ist.

Leben und Tod gehören eben einfach zusammen, wie zwei räumlich getrennte Geliebte, wobei der eine sehnsüchtig die Ankunft des anderen erwartet.

Wenn Sie also aus meinem Buch unbedingt eine Botschaft für sich mitnehmen wollen, dann vielleicht, dass Sie dem Leben optimistisch entgegen lächeln sollten, anstatt erst im hohen Alter dem Tod.

Kapitel 3

Die Sache mit den Frauen

Ich weiß nicht, ob Sie meine damalige Situation nachvollziehen können, oder ob Sie eine ähnliche schon einmal selbst durchlebt haben, aber nach der Trennung von meiner Ex-Frau, und dem ganzen nachfolgenden Scheidungs-Krieg, befand ich mich in einem tiefen, schwarzen Loch, wobei dieser Zustand auch momentan noch eine unglaublich aufrechte Beständigkeit hat, denn von einer schweren Depression erholt man sich nur sehr langsam und mühselig.

Ich lebte damals über mehrere Monate hinweg total isoliert, kapselte mich fast vollständig von meiner Umwelt ab, und wartete einfach darauf, dass die Zeit schon alle Wunden heilen wird. Dieser volkstümliche Ausdruck ist zwar wirklich nicht von der Hand zu weisen, aber die Zeit braucht schon verdammt lange, bis erste, kleine Heilungserscheinungen eintreten, und der Schmerz allmählich nachlässt.

Was dann natürlich irgendwann dazu führte, dass ich mich wieder einmal für das andere Geschlecht interessierte, natürlich immer mit der mir wohlbekannten Fanfare meines Therapeuten auf den Lippen: Sie müssen sie ja nicht gleich heiraten.

Allerdings traten mit dem neuerlich in mir aufkeimenden Interesse für das weibliche Geschlecht neue Probleme auf mich zu, klopften mir auf die Schulter, und sahen mich sehr mitleidig an.

Lassen Sie mich dazu bitte folgendes erklären, damit ich Ihnen wirklich schonungslos und offen mein damaliges Dilemma in seiner ganzen schockierenden Wahrheit unterbreite:

Ich hatte bis zum damaligen Zeitpunkt, in meinem doch schon recht lange andauernden Leben, erst *drei* wichtige Frauen, mit denen ich auch eine mehr oder weniger lang andauernde Beziehung führte.

Ab diesem Punkt meines Buches werde ich nicht mehr darum herumkommen, verschiedene Namen zu nennen, die ich allerdings alle sorgfältig abändern werde, um somit einer eventuellen Strafanzeige vorzubeugen, und ihr geschickt aus dem Weg zu tänzeln.

Bis zu meinem zwanzigsten Lebensjahr war alles mehr oder weniger liebevolles Rumgeplänkel gewesen, doch dann traf ich eines Tages die erste große Liebe meines Lebens. Nennen wir sie spaßeshalber einfach mal „Manuela", und zwar nur, um ihr einen Namen zu geben, damit Sie im weiteren Verlauf wissen von wem ich rede, und glauben Sie mir, dass die Sache mit den ausgetauschten Namen für mich ein echtes Verwirrspiel ist, also wundern Sie sich bitte nicht, wenn Manuela irgendwann mal Irmgard heißen sollte.

Nun, ich lernte also Irmgard, die ich eigentlich Manuela nenne, obwohl sie einen ganz anderen Namen hat, auf einer Grill-Party kennen, wo ich eigentlich nur den Part des musikalischen Unterhalters übernehmen sollte. Es war irgendein Geburtstag, und meine Aufgabe beschränkte sich im wesentlichen darauf mit der Gitarre am abendlichen Lagerfeuer zu sitzen, und die gemütliche Runde mit heißen Rhythmen zu erfreuen. Da ich auf dieser Party aber kaum jemanden kannte, wendete ich mich schon recht früh dem Laster „Alkohol" zu, was mich im weiteren Verlauf der Abendunterhaltung des öfteren dazu animierte dem allmächtigen Gott der Büsche ein reichhaltiges Opfer zwischen die Zweige zu reihern.

Doch dann erblickte ich sie: Irmgard. Und Manuela sah ich auch.

Ich wusste, die Sache wird verwirrend.

Meine verzweifelten Versuche wieder nüchtern zu werden, um sie wenigstens halbwegs vernünftig angraben zu können, zerschlugen sich wie Butter in der Sonne, als Manuela von ihrer großen Schwester abgeholt, und nach Hause gebracht wurde.

An den weiteren Verlauf des Abends kann ich mich nur noch sehr rudimentär erinnern, und jeder unternommene Versuch bereitet mir sogar heute noch unglaubliche Kopfschmerzen, und würde auch bestimmt nichts wissenswertes zu meiner Geschichte beitragen. Also lassen wir diesen Abend, wie auch mich zur nächtlichen Stunde desselben, in eine gnädige und tiefe Ohnmacht fallen.

Eine Woche danach klingelte dann das Telefon, und Manuela war am Apparat. Wir redeten über dies und das, und verabredeten uns für den nächsten Tag.

Näher möchte ich jetzt auch nicht auf das weitere Kennenlernen eingehen, denn ich wollte Ihnen nur auf diese anschauliche Weise klar machen, dass der erste entscheidende Schritt, der zu unserem folgenden Zusammenkommen führte, eindeutig Irmgard zuzuschreiben ist, die ich nach näherer Betrachtung, und reiflicher Überlegung, doch lieber Manuela nennen möchte, was mir irgendwie leichter über die Tastatur flutscht.

Manuela war etwa fünf Jahre jünger als ich, was aber keinen von uns beiden je wirklich störte, und wir waren, zumindest von meiner Seite aus betrachtet, drei wunderbare Jahre zusammen. Wenn Sie wissen möchten, wie Manuela diese Zeit mit mir empfunden hat, müssen Sie Irmgard fragen. Sie wohnt jetzt in einem kleinen Dorf namens Schlunzen.

Haben Sie wirklich geglaubt, nach dem ganzen Namensgetausche würde ich vor einem kleinen Kaff an der Saar halt machen?

Um mal wieder kurzzeitig zum eigentlichen Thema zurückzukehren, sollte ich Ihnen sagen, dass die nächste Beziehung, nachdem Manuela die erste mit mir und Irmgard beendet hatte, nicht lange auf sich warten ließ. Noch während ich also niedergeschlagen am Boden lag, trat eine neue Liebe an mich heran, ohne dass sie sich erstmal großartig zu erkennen gab.

Ich würde sie gern „Nofretete" nennen, aus Gründen, die mir bis auf weiteres ein Rätsel sind, aber ich glaube zu wissen, sie könnte sich eher mit dem Namen „Lara" anfreunden, also nenne ich sie hier, um einen Kompromiss und ein Ende zu finden, „Laetitia".

Laetitia lud mich eines Abends, unter dem Vorwand zusammen einen Kaffee trinken zu wollen, zu sich auf die Couch ein, wo die Geschichte dann ihren weiteren, schicksalhaften Lauf nahm.

Der aufmerksame Leser wird mir wohlwollend zustimmen, dass auch in diesem Fall die Initiative wieder einmal von der Frau ausging. Ich ließ mich nur zu gerne darauf ein, und ich muss Ihnen gestehen, auch wenn diese anfängliche Liebschaft auf einem sehr schwachen Fuß gestartet war, so dauerte die Beziehung mit Laetitia doch immerhin elf Jahre. Mit ihren Worten: Die längste Affäre, die sie je hatte.

Als sich auch diese Beziehung dann dem Ende zuwendete, lernte ich relativ gleichzeitig eine Frau kennen, die ich zunächst mal sehr interessant und attraktiv fand. Wir lernten uns aber erst etwas besser kennen, als die Beziehung mit Laetitia in aller Freundschaft beendet war.

Und kurz nachdem das Beziehungs-Aus die Runde machte, schlug diese andere Frau gnadenlos zu. Diese „Neue" sollte ich dann auch später irgendwann mal heiraten, um mich wieder von ihr scheiden zu lassen, aber das ist nochmal eine andere Geschichte.

Darum nennen wir doch diese neue Frau der Einfachheit halber schlicht und ergreifend

„Maike“. Falls Ihnen das nicht passen sollte, nehmen Sie einfach einen x-beliebigen allerersten Buchstaben des Alphabets, und ersetzen ihn durch den fünften. Für alles andere möchte ich Ihnen kein X für ein U vormachen, geschweige denn ein M für ein H.

Alles in allem ist Ihnen wohl jetzt klar geworden, dass ich, ohne großartigen Leerlauf dazwischen, fast achtzehn Jahre Beziehung hinter mir hatte, wenn auch mit drei verschiedenen Frauen, und sie alle haben den magischen ersten Schritt getan. Was mich nun wieder zu meinem anfangs beschriebenen Dilemma führt, denn achtzehn Jahre sind schon ein paar Jahre mehr, als zwei.

Meine Scheidungs-Genesung schritt also damals weiterhin voran, und mein Interesse am weiblichen Geschlecht war wieder erwacht; aber wie lernt man eine Frau in der heutigen Zeit kennen? Und wie spricht man sie an? Ich war aus diesem Geschäft schon fast zwanzig Jahre raus, und die Zeiten haben sich nun mal enorm geändert, was nicht nur daran liegen mag, dass es damals noch Telefone mit Schnur und Wählscheibe gab, sondern ein Schokoriegel auch nur 25 Pfennige gekostet hat.

Ich war überfordert. Ich *bin* hoffnungslos überfordert, was den Umgang mit der holden Weiblichkeit betrifft. Da verfalle ich selbstmitleidig sehr gerne in die wohlbekannten Euphorismen, die auch von den meisten älteren Mitbürgern immer wieder äußerst inbrünstig aufgegriffen werden: Früher war alles besser.

Das Leben könnte so schön sein, auch wenn man krank ist, wenn.... ja, wenn man den richtigen Partner, bzw. die richtige Partnerin, an seiner Seite hätte.

Ich höre immer wieder das Gejammer von Menschen, die unglücklich in ihrer Beziehung sind, oder die gerade mal wieder eine gegen die Wand gefahren haben. Es wird auch immer sehr gerne mitgeteilt, wenn man jemand neues kennengelernt hat, und man sich zwar danach sehnt wieder glücklich zu sein, aber nicht wagt wieder Vertrauen und Gefühle zuzulassen.

So gut wie überhaupt nicht höre ich von Menschen, wie glücklich sie doch mit dem Partner/ der Partnerin sind, und wie glücklich sie sich doch schätzen, einen solchen gefunden zu haben.

Warum ist das so? Weiß man diesen Menschen nicht mehr zu schätzen, wenn man erstmal lange genug mit ihm zusammen ist? Verliert man den Blick für das Wesentliche im Leben? Sieht man eher das Negative im Leben, als das Positive?

Und was macht es dem einzelnen Menschen so schwer einen Partner/ eine Partnerin zu finden?

Frauen unterstellen den Männern sehr oft, dass sie nur Sex wollen. Im Grunde sind Männer aber einfach nur oft verunsichert wegen den Frauen, und erhoffen sich eigentlich nur eine Bestätigung von ihnen. Und da Männer von Grund auf recht simpel gestrickt sind, versuchen sie diese eben auf einer Ebene zu erreichen, die sich oftmals in der Horizontalen befindet. Damit beabsichtigen wir nichts böses, denn wir wollen lediglich auf einem Gebiet punkten, auf dem wir uns auskennen.

Aber auch das ist schon seit längerem nicht mehr so leicht umzusetzen, denn Frauen schaffen es irgendwie, den Mann auch bei seiner Lieblingsdisziplin noch unter Druck zu setzen, denn Frauen haben immer Erwartungen.

Und das geht ja nicht erst nach dem Verlust sämtlicher Kleidungsstücke los, sondern findet ja schon statt, *bevor* auch nur ein adäquater Mann in der Nähe ist.

Ich kann es wirklich nur mal auf den Punkt bringen, und immer wieder sagen, dass Männer von Grund auf recht genügsam sind. Wir wollen nur eine liebe Partnerin, die für uns da ist, und uns zur Seite steht. Punkt.

Natürlich werden jetzt alle Frauen aufschreien, und sagen: "Ja, aber wenn der alte Bock diese doofe Megan Fox sieht, dann läuft ihm sofort das Kinnwasser, und tropft auf unseren Mahagoni-Wohnzimmertisch." ....na und?

Ein "normaler" Mann würde sich niemals für Megan Fox entscheiden.

Naja, okay, was das körperliche betrifft vielleicht schon. Aber wie realistisch ist das wohl?

Auch mir geht es so, und ich bin da bestimmt keine Ausnahme, dass sich bei mir ein bißchen was regt, wenn ich Fräulein Fox leicht bekleidet über den Bildschirm hüpfen sehe. Aber was ich mir dabei vorstelle, hat ja auch gar nichts mit einer Partnerschaft, Beziehung, oder überhaupt einem Zeitraum zu tun, dessen Dauer 30 Minuten übersteigt.

Und Frauen?

Eine Frau sieht Johnny Depp im Kino, und stellt sich nicht nur vor, wie es wohl beim Matratzensport mit ihm wäre, sondern sie träumt gleich von einem Leben an der Seite dieses Mannes. Wie es wäre morgens neben ihm aufzuwachen, gemeinsam das Geschirr zu spülen, ein unglaublich romantisches Abendessen, Händchenhalten beim Spaziergang im Park, etc.

Frauen wollen im Grunde keinen Mann, sondern eine Fantasiefigur. Und diese setzt sich aus allem zusammen, was sie seit ihrer frühesten Jugend an Träumen hatte. Sehr gerne wird immer noch der hübsche Prinz genannt, der auf seinem Pferd angeritten kommt, um sie zu retten, vor was auch immer, um mit ihr in den Sonnenuntergang zu reiten, und sie lebten bis ans Ende aller Tage glücklich und zufrieden. Dass aber auch ein Prinz mal morgens unrasiert und schlecht gelaunt aufwacht, oder dass der Königssprössling alles andere als blaublütige Bremsspuren in seinem Schiesser-Baumwoll-Feinripp hinterlässt, wird gewissenhaft ausgeblendet.

Der Traummann wäre vielleicht am ehesten mit "Ken" zu vergleichen. Der hat keinen eigenen Willen, der macht keinen Blödsinn, und ist immer für seine "Barbie" da. Er ist erfolgreich, trägt tolle Klamotten (die SIE ihm anzieht), fährt einen Luxusschlitten, und an Sex ist er auch nicht interessiert, weil ihm etwas ganz entscheidendes fehlt. Er ist der Sichere, der Kuschel-Typ.

Warum machen Frauen immer alles so unnötig kompliziert? Sie sagen zwar immer, dass sie einfach nur einen verständnisvollen und lieben Partner möchten, aber dann entscheiden sie sich doch mal wieder für das Arschloch. Mit dem werden sie zwar nicht glücklich, aber sie haben wieder etwas zu tun. Sie können versuchen ihn zu ändern (was ihnen nicht gelingt). Und im direkten Anschluss haben sie dann endlich wieder einen Grund, um über *alle* Männer zu schimpfen; und zu jammern, was für Schweine wir doch sind.

Es gibt, zum Glück für die menschliche Rasse, immer Ausnahmen. Aber diese Ausnahmen machen sich gegenseitig das Leben so schwer, anstatt es zu vereinfachen.

Das, was vereinfacht wird, ist die Fähigkeit der Frau, auch mal zu erkennen, dass es nicht genügt für eine Beziehung, wenn *sie* nur den Partner ändern. Denn wenn sie endlich merken, dass es nicht genügt, werfen sie schnell das Handtuch; anstatt vielleicht mal darüber nachzudenken, dass es bei allen Veränderungen, auch für den Mann wünschenswert wäre, wenn die Frau sich ebenfalls ein klein wenig "angleichen" würde.

Aber Frauen tendieren eher dazu, einen potentiellen Partner entweder direkt als passend einzustufen (was seltener zu finden ist, als unfair boxende Känguruhs), oder sofort per Persönlichkeits-Scannung zu erkennen , was man an *diesem* Mann alles verbessern kann, bevor er annähernd perfekt ist.

Das Zusammenspiel zwischen Männern und Frauen ist nirgends so kompliziert und unnötig schwer, wie beim Menschen. Die Natur gab uns das richtige Verhalten mit auf den Weg, genau wie den Tieren, aber irgendwo haben wir es bei unserer ganzen Entwicklung verloren.

Ich möchte kein Endlos-Kapitel vom Stapel treten, wer jetzt Schuld ist, oder wer das schlimmere Geschlecht ist, oder dass man nicht alle Frauen und Männer über einen Kamm scheren darf. Das sollte eigentlich jedem klar sein.

Aber vielleicht liest sich ja *der* eine, oder *die* andere, den Text durch, und erkennt sich eventuell wieder, wenn man mal ehrlich ist. Aber es ist auch oft nicht leicht, ehrlich zu sich selbst zu sein, denn dann könnte man durchaus auch erkennen, dass man vieles im Leben selbst einfach zu kompliziert macht. Egal ob Beziehung, Arbeit, Freizeit, oder das Leben an sich.

Und so schließt sich ein weiteres Kapitel meines von Depressionen geplagten Lebens, in der leisen Hoffnung, dass ich weder von Irmgard, noch von Manuela verklagt werde.

Kapitel 4

Für das Morgen

Zugegeben, der Titel dieses Kapitels klingt doch sehr nach einem James-Bond-Film, entbehrt aber im eigentlichen Sinne nicht jeder Logik, und er findet auch nach dem Durchlesen der folgenden Zeilen durchaus seine Berechtigung.

Denn eine grundlegende Frage drängt sich doch fast jedem, der es sich in den Kopf gesetzt hat ein Buch zu schreiben, zwangsläufig auf, noch bevor er auch nur einen einzigen Buchstaben in die Tastatur geklopft hat: Warum schreibe ich ein Buch? Worum soll es gehen? Und warum, zum Geier, sollte sich auch nur irgendein Mensch dafür interessieren?

Ich räume gerne ein, dass es streng betrachtet doch eher *drei* Fragen sind, und ich gestehe dieses freimütig, auch ohne die Anwesenheit meines Anwaltes, weil ich ziemlich genau weiß, dass ein Anwaltshonorar höher liegt, als das Auge eines Elefanten. Und glauben Sie mir, wenn ich Ihnen versichere, dass ich genau weiß wovon ich da rede.

Womit wir zumindest mal bei einer der drei bereits erwähnten Fragen angekommen wären: Warum schreibe ich ein Buch?

Nun, es geht mir im eigentlichen Sinn um die Verarbeitung der vielen kostbaren Jahre, die ich mit schweren Depressionen verschwendet habe, sozusagen die schlimmsten zehn Jahre meines Lebens, wobei ich gestehen muss, dass ich wirklich sehr lange gezögert habe dieses Buch zu beginnen.

Aber irgendwann, nach einem Kommentar einer sehr guten Freundin von mir, gefolgt von einer echt unglaublich fiesen Migräne-Attacke, wobei jetzt das eine mit dem anderen nur sehr wenig, wenn nicht sogar überhaupt nichts, miteinander zu tun hat, setzte ich meinen Hintern vor die Tastatur meines kleinen Computers, und begann die ersten Sätze zu schreiben, die dann auch irgendwann mal Kapitel Eins dieses Buches werden sollten.

Immer wieder geplagt von Depressionen, Selbstzweifeln, und einer recht eigenwilligen Schreibweise, gab ich die ersten geschriebenen Seiten zwei sehr wichtigen Frauen in meinem Leben, damit sie mir nach dem Durchlesen meiner geistigen Ergüsse sagen könnten, ob ich meine Schriftstellerkarriere an den Literaturnagel hängen, oder sie weiterhin in Angriff nehmen sollte. Beide Frauen legten mir unabhängig voneinander nah, dass ich auf jeden Fall weiterschreiben müsse, was mich dann doch irgendwo ein wenig überraschte. Vermutlich begründet sich ihre positive Reaktion aber auch darauf, dass das Kapitel über Frauen zum damaligen Zeitpunkt noch nicht existierte.

Wenn ich das bedenke, entlockt sich meinem Inneren ein dreckiges Lachen.

Hey, ich bin depressiv, aber noch nicht tot. Wobei man immer beachten sollte, dass eine Depression näher beim Tod liegt, als das Leben.

Aber Depression bedeutet jetzt auch nicht, dass man komplett vom Spaß befreit ist. Ja, man darf auch noch lachen, wenn es einem beschissen geht, und man nicht extra dafür aufstehen, und in den Keller gehen muss.

Denn was ein echter, eingefleischter Depressionist ist, der hat natürlich seinen festen Lieblingsplatz in der Wohnung, an dem er mindestens zwanzig Stunden am Tag mit Sicherheit anzutreffen ist. Das kann ein Sessel sein, das kuschelige Bett, die knarzende Sitzecke in der Küche, oder wie in meinem Fall: Die Couch.

Und auch wenn in der Welt da draußen die Sonne scheint, und das Leben munter vor sich hin tobt, so findet man mich garantiert auf meinem Lieblingsplatz im gesamten Universum. Auf meiner innig geliebten Couch.

Der Albtraum einer überwiegend schlaflosen Nacht ist vorüber, und ich starte wieder voller Schwung und Elan in den neuen Tag, der mir zwar keine großartigen Veränderungen verspricht, dafür aber auch keine kleingeistigen Versprechungen verändert. Die Sonne strahlt in voller Pracht, und fluffige, kleine Wölkchen tummeln sich munter am Firmament eines sommerlichen Frühlingstages.

Ist euch schon mal aufgefallen, dass sich meistens die Stimmung dem Wetter anpasst, aber eher selten das Wetter der Stimmung? Nur mal so am Rande erwähnt.

Alles könnte demnach einfach nur perfekt sein. *Könnte.*

Aber warum ist es das nicht?

Der Wächter der heiligen Couch hat wieder seinen Platz eingenommen, von dem er einen allumfassenden Überblick genießt, auf das scheinbar grenzenlose und finstere Land der schweren Depression.

Warum befinde ich mich hier? Was habe ich getan, um mich selbst an diesen düsteren Ort zu ketten? Womit habe ich das verdient?

Diese Fragen geistern schon seit Jahren durch meinen Kopf, und ich komme immer wieder auf die gleiche Vermutung, dass ich in einem früheren Leben etwas wirklich dummes getan haben muss. Wahrscheinlich war ich ein depressiver Kapitän, und habe einen riesigen Ozeandampfer gegen einen Eisbären krachen lassen, und diesen versenkt.

Also, den Ozeandampfer, und nicht den Eisbär, wofür halten Sie mich?

Vielleicht hab ich aber auch beim Tauben füttern im Park die blöden Viecher nicht mit

Brotkrumen beworfen, sondern mit ganzen Zweipfünder-Roggen-Misch-Broten.

Wie auch immer, sie hatten es wohl nicht anders verdient, genau so wie ich. Aber sind es nicht eben diese Fragen, die wir uns immer wieder stellen, und gerade deswegen absolut keinen Sinn machen?

Warum ich?

Die passende Antwort eines entsprechenden Gegenübers wäre wohl: Warum nicht?

Wir brauchen immer einen Schuldigen, jemand den wir für etwas verantwortlich machen können, und wenn es auch noch so weit hergeholt ist.

Arbeitslosigkeit? Die Migranten sind schuld. Finanzkrise? Die Migranten. Magen-Darm-Grippe? Das sind doch auch nur in meinen Körper zugewanderte Viren...

Und meine Depression? Wen kann ich dafür verantwortlich machen?

Denn wenn ich jemand dafür die Schuld geben kann, fühle ich mich doch schon gleich viel besser, oder? Ich kann meine ganze Wut auf einen Gegner konzentrieren, auch wenn ich nicht einen einzigen Migranten persönlich kenne. Aber das ist doch das eigentliche Ziel. Meine Depression kenne ich genau so wenig persönlich. Ich weiß nicht, wo sie herkommt, und ich weiß auch nicht, was sie bei mir will.

Sie ist da. Und ich habe nicht die geringste Ahnung, wie lange sie zu bleiben gedenkt.

Wer kennt nicht noch von früher die guten, alten und zuverlässigen Voraussagen? Sie kommt drei Tage, bleibt drei Tage, geht drei Tage. Nein, nicht der Besuch aus der ehemaligen DDR, sondern die Grippe.

Warum kann ich nicht zwei Aspirin einnehmen, und die Depression über Nacht ausschwitzen? Eine Flasche „Wick Medinait" kippen, und weg ist der Scheiß, im wahrsten Sinne des Wortes? Das würde auch wenigstens mehr Spaß machen...

Also werde ich erstmal weiter auf meiner heiligen Couch thronen, was im Endeffekt auch mehr Sinn macht, als auf meinem heiligen Thron zu couchen, und warte auf die richtigen

Gedanken, die mich irgendwann wissen lassen, wem ich letztendlich die Schuld für alles geben kann. Und ich akzeptiere jede Antwort, solange ich es nicht bin.

Mein Gedankenkarussell dreht sich weiter und weiter, während sich meine Erinnerungen mit der Gegenwart eifrig über zukünftige Ereignisse beratschlagen, und dabei versuchen wirklich jede denkbare Möglichkeit zu berücksichtigen, um die daraus resultierenden Entscheidungen gegeneinander abzuwiegen.

Ein Depressionist weiß, wie es sich anfühlt, und wie es ganz tief in den dunklen Abgründen der Seele rumort. Aber wie erklärt man einem gesunden Menschen, was es bedeutet an Depressionen zu leiden?

Ich fühle mich eigentlich fantastisch, bis auf die zwanzig Stunden am Tag, in denen ich wach bin. Meine Gefühle tanzen gerade einen langsamen Walzer zur Musik von Guns'n'Roses. Meine innere Zeitrechnung hinkt der tatsächlichen Jahreszahl gewaltig hinterher.

Wenn Rot keine Farbe wäre, würden wir dann zur Sommerzeit die Uhren um drei Zentimeter zurückstellen? Wenn ein geschmückter Baum im Dezember romantisch und schön ist, warum ist er es im Februar nicht mehr? Und Klopapier muss ich auch noch kaufen…

Es fällt mir manchmal nicht wirklich leicht, meine Gedanken zu ordnen, oder sie zu sortieren. Ich komme auf die blödesten Sachen, und ich hab keine Ahnung, warum das so ist. Es fehlt mir jegliche Erklärung dafür, und da soll ich dann plötzlich genau sagen können, was in mir vorgeht?

Wie funktioniert eine Depression? Warum reagiere ich auf manche Dinge des Alltags positiv oder negativ? Warum überwiegt das Negative bei mir? Kommt es mir nur so vor, als würde das Negative überwiegen? Mache ich mir einfach nur zu viele Gedanken? Und wenn ja, sollte ich mir darüber nicht mal allmählich ein paar Gedanken machen?

Ohne Witz, ich habe nicht die geringsten Antworten auf Fragen, die sich kein Mensch jemals stellen sollte. Und doch fällt es mir so unglaublich schwer mich von diesen unnötigen Gedanken zu befreien.

Sie tun weh, diese Fragen ohne Antwort. Das klare, geradlinige Denken fällt mir immer schwerer, weil es von umherfliegenden Fragmenten anderer Gedanken laufend attackiert und zertrümmert wird, wie der Todesstern nach einem ganz hinterhältigen und feigen Angriff der Rebellenallianz.

Jeden Abend fühle ich mich vollkommen fertig und matt, weil ich meine ganze Kraft verbraucht habe, um weniger zu denken. Und ich bin müde, und ich sehne mich nach Schlaf, aber der will nicht kommen. Ich bin wach, und befinde mich doch im Traumland. Ich sehe mich selbst auf der Couch sitzen, während mein leerer Blick apathisch auf den flimmernden Fernseher gerichtet ist, unwissend welcher Sender gerade läuft. Nach stundenlanger Gefangenschaft in meiner Gedankenwelt schließen sich allmählich meine Augen, und ich dämmere hinein in einen halbwachen Schlafzustand, der mir hoffentlich die Kraft schenken wird, auch den nächsten Tag wieder zu überstehen. Vielleicht wird *der* ja besser?

Irgendwann muss es doch mal wieder aufwärts gehen.

Warum also nicht Morgen?

Wenn ich nicht mehr hoffen darf, warum sollte ich dann überhaupt noch weiterleben? Wenn die Hoffnung auf einen besseren Tag sich doch schon Morgen bewahrheiten könnte, warum sollte ich der Zukunft keine Chance geben?

Und so lebe ich weiter, und versuche meinen Gedanken zu folgen, während sie mich wild umkreisen. Ich lebe weiter in der Hoffnung, dass der nächste Tag vielleicht endlich dieser eine Tag ist, an dem alles gut wird.

Vielleicht schon Morgen?

Also lebe ich weiter.

Für das Morgen.

Kapitel 5

Depressionismus für Anfänger

Wer von Ihnen kennt das nicht? Sie möchten bei sich Zuhause gern ein Bild an die Wohnzimmertapete heften, und dübeln sich anstatt des Hakens den linken Daumen in die Wand. Mit großen Schmerzen, und noch größerer Scham, schleppen Sie sich zum nächsten Doktor und zeigen ihm Ihr lädiertes Anhängsel. Und sofern dieser ein richtiger Arzt ist, und nicht so einer wie Doktor Oetker, wird er Sie sofort entsprechend behandeln.

Aber was mache ich bei einer Depression? Da gibt es nichts zu zeigen, woran man das Problem sofort erkennen und behandeln könnte. Es gibt keine eiternden Geschwüre, keine aufgeplatzten Wunden, und keine aus dem Fleisch ragenden, gesplitterten Knochen.

Deswegen lässt man sich auch gerne etwas Zeit, bevor man damit zum Arzt geht, denn man sieht ja die Erkrankung nicht. Und was nicht blutet, kann schon nicht so schlimm sein, richtig?

Meine Güte, was bin ich doch glücklich und zufrieden, dass ich schon eine diagnostizierte Depression mein Eigen nennen darf, denn sonst wäre ich mit hoher Wahrscheinlichkeit jetzt einer dieser armen Wackelkandidaten, die in höchstem Maß dafür prädestiniert sind in der derzeitigen Situation unseres Landes in "Missbehagen" oder "Katzenjammer" zu stürzen.

Ohne Witz, das sind zwei anerkannte Synonyme für den Begriff der Depression. Ebenfalls sehr schön finde ich "Hasenherzigkeit" und auch "Kleinmut". Und ich hatte schon befürchtet, die deutsche Sprache wäre kleinkariert, allerdings wundere ich mich nach den ganzen Rechtschreibreformen über gar nichts mehr.

Somit kann ich ja noch von Glück reden, dass in meinem medizinischen Bericht nicht steht, dass ich unter "moralischem Schwermut" leide, und an "Ausweglosigkeit" erkrankt bin. Bis vor ein paar Jahren war man ja schon zufrieden, wenn die fachärztliche Diagnose nicht „Simulant" lautete.

Da durfte man dann seine Würde und Selbstachtung gleich in einen frankierten Umschlag stecken, und an seine Krankenkasse schicken. Diese behielt dann auch gleich beides ein, und man bekam zum Dank ein Medikament genehmigt, welches im besten Fall die Depression bekämpfen sollte, aber in der Regel zumeist kläglich versagte. Also was blieb übrig?

Therapie? Noch mehr Medikamente?

Ich für meinen Teil bin ziemlich beruhigt, seit ich weiß, dass es so etwas wie das „Dschungel-Camp" gibt, denn so habe ich immerhin die unumstößliche Gewissheit, dass es auch nach missglückter, medikamentöser Behandlung von Depressionen und Panikattacken immer noch einen Ort gibt, an den man gehen kann, um vor laufenden Kameras vollends abzudrehen.

Ein Haufen sich wildfremder Menschen wird bunt zusammengewürfelt im Urwald ausgesetzt, was ja schon mal eine ziemlich brachiale Methode zur Therapie von sozialen Phobien sein muss.

Wenn man diese Personen nun länger beobachtet, erkennt man sehr gut diese akute Antriebslosigkeit, welche immer wieder mal von extremen Stimmungsschwankungen und spontanen Heulkrämpfen unterbrochen wird. Am gemütlichen Lagerfeuer ergibt man sich dann in tränenreicher Vergangenheitsbewältigung, immer wieder unterbrochen von plötzlichen Umarmungen und ehrlich geheuchelten Mitleidsbekundungen. Schöner kann eine Gruppentherapie doch wirklich nicht sein?

Also warum ist eine Gesellschaft, die offensichtlich mit Depressionismus, und ihren davon Betroffenen, ein massives Akzeptanz- und Verständnisproblem hat, so fasziniert von einer depressiven Bande gescheiterter Möchtegern-Stars, die man im australischen Busch ausgesetzt hat?

Wenn ich irgendwann nicht mehr kann, und meine Depression mich mit aller Wucht zu Boden reißt, möchte ich auch gerne solche magischen Worte rufen, wie "Ich bin ein Depri, holt mich hier raus"!

Sinnvoller wäre es, zumindest in meinem Fall, wenn ich rufen würde „Ich bin ein Depp", denn das war wohl auch wirklich vor etwa 62 Jahren der Grundstock, auf dem der Name dieser Erkrankung dann aufgebaut worden ist, bevor 47 Jahre später ein Buchstabe von den Krankenkassen wegen den üblichen Einspar-Maßnahmen ersatzlos gestrichen wurde, aber das nur mal am Rande.

Lauthals rufe ich also den magischen RTL-gesponserten Satz „Ich bin ein Depp, holt mich hier raus"!

......und dann wäre es vorbei! Nichts mehr da, was mich runter zieht. Keine schlimmen Gedanken, die mich beherrschen, und mir mein Leben tagtäglich so unglaublich erschweren, die sogar meine Umwelt in Mitleidenschaft ziehen. Nie wieder diese innere Leere und

Taubheit. Kein Ohnmachtsgefühl, und auch keine unerklärliche Traurigkeit.

Einfach nur ein Gefühl voller Lebensfreude, und optimistischer Erwartungen eines neuen Tages. Jeden Morgen einfach mit einem Lächeln beginnen, und mit einem fröhlichen Lied auf den Lippen. Sich nie wieder fragen zu müssen, wie man diesen unglaublich langen Tag nur überstehen soll.

Dschungelprüfung..? Dass ich nicht lache. Wenn ich nie wieder Depressionen haben müsste, wenn ich nur einen Schafhoden oder einen Kamelpimmel esse, wäre mein Teller wahrscheinlich schneller leer, als man "Mississippi" mit vollem Mund sagen könnte.

Aber auch das sind nur Gedanken, die unaufhörlich in meinem Kopf herumgeistern. Manchmal sind sie ja wirklich noch ganz lustig. Sehr oft aber leider nicht. Dann wird es richtig schlimm in meinem Innersten. Und ich kann nicht einfach aufstehen und gehen, wenn ich keine Lust mehr habe bei meinen finsteren Gedanken zu bleiben.

Ist das Leben nicht schön?

Ja, das Leben ist nicht schön!

So, oder so ähnlich sehen die Gedanken aus, die sich in meinem Kopf ein lustiges Stelldichein geben, beim vertrauten Ringelpietz mit Anfassen, wobei am späten Nachmittag noch Kaffee und etwas Gebäck gereicht werden sollten.

Das Gedankenkarussell dreht sich und dreht sich, und ich weiß nicht, wo der Schalter ist, um diesem seelischen Grauen ein Ende zu setzen. Menschen flanieren um mich herum über den recht belebten Rummelplatz der Depressionen, Marktschreier preisen lautstark ihre wundervollen Gewinne an, die natürlich garantiert sind, beim Kauf von nur 135 Losen, und ein kleiner, pummeliger Junge gibt gurgelnde Laute von sich, nachdem er in den Topf mit der Zuckerwatte gefallen ist.

In meinem Kopf ist die Hölle los, und meine Gedanken sind mein schlimmster Feind. Ich stürze hinab in die Gleichgültigkeit, nachdem ich Selbstsicherheit und Vertrauen, beim Erwerb der Eintrittskarte, an der Kasse abgegeben habe. Ich besitze zwar das Ticket, mit dem ich beides beim Verlassen des Rummelplatzes zurückbekomme, aber es sieht schwer danach aus, als würde ich mich hier häuslich niederlassen.

Warum sollte ich diesen Ort auch wieder verlassen? Hier fühle ich mich Zuhause, denn ich kenne mich hier bestens aus. Er ist ein Teil meines Lebens, denn ich war schon oft hier. Ich weiß nicht, warum ich ihn immer wieder verlassen wollte.

Hoffnung ist eine gute Sache, und gute Sachen sterben nicht.

Aber man kann eine gute Sache verlieren. Und wer hat noch nicht seine Haustürschlüssel verloren? Oder sein Handy? Oder ein Schmuckstück? Einen Menschen?

Und wo könnte man besser nach etwas verlorenem suchen, als auf einem Rummelplatz?

Auch wenn man im Grunde ganz genau weiß, dass man das Gesuchte überall verloren haben könnte, nur nicht auf diesem Scheiß-Rummelplatz!

Depressionen sind eine seltsame Sache, und ich werde sie wahrscheinlich niemals begreifen, denn ich merke, dass ich davon so viel verstehe, wie vom Melken. Meine Tabletten bekämpfen nicht die Depression, sondern haben nur eine stimmungsaufhellende Wirkung.

Vielleicht mache ich ja was falsch bei der Einnahme? Was, wenn das eigentlich Zäpfchen sind, die mein Arzt mir da verschrieben hat?

Hoch oben am Himmel scheint die Sonne, und ich möchte mich einfach nur verkriechen. Ich will flüchten vor dieser Welt, und einfach nur auf dem Rummelplatz in meinem Karussell sitzen, und mich meinen Gedanken ergeben.

Wie gerne würde ich einfach alles hinschmeißen. Viel ist es ja nicht mehr, was mir geblieben ist.

Aber ich habe ja noch das Ticket. Damit kann ich jederzeit hier raus. Ich muss es nur wollen. Mehr nicht. Einfach nur wollen.

Aber falls mich dann doch mal irgendwelche Zweifel befallen sollten, die mich unbarmherzig in meiner Depression gefangenhalten, schmeiße ich einfach ein paar Tabletten mehr ein, begieße das ganze mit einer lauwarmen Diät-Cola, und begebe mich mit meinen roten Pumps auf den gelben Pfad, um Herz, Hirn und Courage zu finden, die ich dann meistbietend bei Ebay verticken kann. Obwohl mir jetzt bei Herz, Hirn und Courage gerade eine gewisse Parallele auffällt zu drei weisen Waisen aus dem Morgenland, die allerdings mit Gold, Weihrauch und Myrrhe gehandelt haben.

Ob es da nicht vielleicht doch einen Zusammenhang gibt? Denn die Drei hatten definitiv mehr Herz als Verstand, was sie allerdings mit einer Menge Courage ausgleichen konnten, denn wer rennt schon mit klarem Kopf durch die vor Hitze glühende Wüste, um einem leuchtenden Stern zu folgen, damit sie ein kleines Kind finden?

Diese Technik findet noch nicht mal in Belgien sonderlich viele Nachahmer, und ich bin sicher, dass die drei auch keine echten Könige waren, genau so wie Dr. Oetker kein richtiger Arzt ist. Immerhin hat *der* seine Teigfladen mit Weihrauch und Myrrhe belegt, und somit die erste Abendland-Pizza erfunden, die selbst mit Gold nicht zu bezahlen war.

Darum führte man ja auch kurz nach der Geburt   unseres   Herrn   die Weihnachtsgeschenke ein, damit man endlich etwas verschenken konnte, auch wenn man es sich nicht leisten konnte. Zumindest dieser Tradition ist man bis heute treu geblieben.

Aber was bleibt jetzt unterm Strich, wenn doch jeder einzelne Tag für einen Depressionisten eine Ansammlung aus Angst, Scheitern und Versagen ist? Warum tut man sich so etwas freiwillig an?

Naja, mal davon abgesehen, dass sich niemand freiwillig eine Depression zulegt, bin ich eigentlich ganz froh, dass ich weder an die Wiedergeburt, noch an ein Leben nach dem Tod glaube, denn sonst hätte mein Buch wahrscheinlich den Titel „180 km/h – Der Brückenpfeiler als zweite Chance".

Nein, der Suizid sollte niemals eine Alternative sein, um Problemen aus dem Weg zu gehen. Denn nichts anderes bezweckt man damit. Mal ganz davon abgesehen, dass mein altes Auto niemals auf 180 km/h beschleunigen könnte.

Ich habe keine andere Lösung mehr gesehen, also habe ich mich auf ein Gleis gelegt.

Aber es hat ihm niemand gesagt, dass die Bahn mal wieder streikt, und so ist er auf den Schienen ganz elend verhungert. Ja, hätte er *das* mal gut vorher gewusst.

Man sollte sich immer über die Konsequenzen seines Handelns von vornherein absolut im Klaren sein, bevor man möglicherweise eine Dummheit begeht, die man später bei Nichtgefallen unmöglich rückgängig machen kann. Ein *Später* wird es danach nie mehr geben.

Ich hoffe, dass ich Ihnen in diesem Kapitel zumindest einen kleinen Einblick gewähren konnte, in den Kopf und das Innere eines Depressionisten, der ich nun mal einer bin. Erschrecken Sie also nicht, wenn Sie bedenken, dass es schon viele von uns gibt, und ein paar davon mit großer Wahrscheinlichkeit ganz in Ihrer Nähe wohnen.

Wenn Sie selbst ein Depressionist sein sollten, so habe ich Ihnen wohl nichts großartig Neues erzählen können. Einige Sachen werden Ihnen bekannt vorgekommen sein, andere sind Ihnen eventuell in abgeänderter Form eher geläufig, aber ich bin mir ziemlich sicher, dass wir relativ konform einer Meinung sind, wenn ich sage, dass Depressionen scheiße sind.

68

Und somit schließe ich dieses Kapitel in dem Wissen, dass kein Schlüssel der Welt es jemals wieder öffnen kann.

Kapitel 6

Die Haut, in der ich wohne

Und wieder mal habe ich einen weiteren Tag beinahe hinter mich gebracht, ohne einen tieferen Sinn in meinem Leben zu finden, oder wenigstens ein Stückchen Schokolade. Noch nicht mal einen Kartoffelchip habe ich in der Couchritze meines Lebens gefunden, und das gibt mir, bei meiner Herumkrümelei, doch schon ziemlich arg zu denken.

Mein Gedankenkarussell will und will nicht still stehen. Es ist zum Aus-der-Haut-fahren. Aber dann müsste ich mir wahrscheinlich die von jemand anderem borgen und überziehen, und je nachdem, welche ich erwischen würde, könnte das um die Waden herum ziemlich schlackern. Aber so ist das eben mit der Haut, vor allem mit der von anderen. So sehr man sich doch das Leben von anderen wünscht, so ungern würde man doch in deren Haut stecken wollen. Und so unangenehm der Gedanke, in eine fremde Haut zu schlüpfen, doch wäre, so wünsche ich mir doch immer öfter das Leben eines anderen. Ich wäre auch wirklich nicht besonders anspruchsvoll. Es muss kein "perfektes" Leben sein.

Auf Reichtum und Wohlstand kann ich gut verzichten, aber ich würde mir einfach nur ein Leben wünschen, in dem ich gesund wäre. Einfach mal morgens aufwachen, und die einzigen Sorgen, die ich mir machen muss, sind eher profaner Natur.

Was esse ich heute zu Mittag? Soll ich heute mal so wagemutig sein, und meinen linken Socken über meinen rechten Fuß ziehen? Wenn ich ein Granny Smith wäre, wie lange müsste ich liegen bleiben, bis mir ein Bart wächst?

Ich möchte einfach andere Gedanken. Und auch bitte nicht mehr so viele auf ein Mal. Aber selbst wenn ich mal nur einen einzigen Gedanken habe, der mich beschäftigt, warum muss ich das dann gleich den ganzen Tag lang machen? Und am nächsten ebenfalls noch?

Man wird aber auch heutzutage regelrecht zugemüllt mit einer Flut an Informationen, ohne die man sein restliches Leben auch prima hätte verbringen können.

Englische Forscher (ja, das hat mich auch gewundert, die gibt es anscheinend wirklich) haben vor einigen Monaten tatsächlich herausgefunden, dass sich das Leben eines Mannes um *ein Drittel* verlängert, wenn er sich täglich rasiert! Gut, mal davon abgesehen, dass er dieses eine Drittel wahrscheinlich mit dem Rasieren verbringen wird, könnte ich jetzt auch allmählich den ausufernden Rasur-Wahn der Frauen verstehen, der in den letzten 30 Jahren immer krassere Formen angenommen hat.

Leider muss ich der Damenwelt diese kleine Illusion zerschlagen, denn das mit dem längeren Leben durch die tägliche Rasur betrifft ausschließlich den Mann. Das verstehe ich zwar jetzt auch nicht wirklich, aber wer will schon einer Bande von ständig alkoholisierten, und durch ganzjähriges Regenwetter depressiv veranlagten Insel-Affen widersprechen? Sehen Sie? Ich auch nicht.

Ein weiterer Schock war dann fast zeitgleich die wissenschaftliche Erkenntnis, die Amerikaner aus einer 14jährigen Studie gewonnen haben, in der sie 120.000 Bürger der Vereinigten Staaten beobachtet hatten: Diese besagt, dass Männer, die täglich sechs Stunden und mehr sitzen, und sich auch sonst nicht bewegen, eine um 20% höhere Sterbeerwartung haben. Langes Sitzen bringt also den Tod..? Oder fand die Studie in einer reich bestückten Leichenhalle statt, und die Probanden verhielten sich deshalb so erstaunlich bewegungsarm?

Diese Forscher hätten ihre Studien ein ganz klein wenig erweitern sollen, denn dann hätten sie wohl auch bemerkt, dass die sitzenden Amerikaner, bei all ihrer Nichttätigkeit, drei Big-Mac's, eine große Portion Pommes mit Ketchup, vier Cheeseburger, eine 12er Schachtel Chicken McNuggets und eine Cola-Light vertilgt haben. Bei dieser Menge an krisensicherer Ernährung würde *ich* sogar den Löffel abgeben, wenn ich stehe.

Übrigens ist die Sterberate bei Frauen sogar um 40% höher, auch wenn der eine oder andere das als ziemlich diskriminierend empfinden sollte, dafür findet man Frauen allerdings auch eher in einer liegenden, als in einer sitzenden Tätigkeit vor. Allerdings leben Frauen statistisch gesehen insgesamt *länger* als die

Männer, was die ganze Geschichte dann wohl ziemlich ausgleicht.

Und passend dazu im gleichen Zeitraum aus den deutschen Landen, in Kooperation mit der Schweiz, fanden Forscher heraus, dass eine skeptisch-pessimistische Zukunftserwartung das Sterberisiko um 10 Prozent senkt!

Toll.

Ist es nicht beruhigend zu wissen, dass ausgerechnet wir Depressionisten irgendwann die letzten Menschen auf diesem Planeten sein werden? Dass der Letzte, der auf dieser zum Sterben verurteilten Welt irgendwann das Licht ausmachen darf, ausgerechnet ein Mensch ist, der sich vorm Licht ausmachen fürchtet? Ich mag mich jetzt vielleicht ein wenig weit aus dem Fenster lehnen, aber ich schätze mal, dass in diesem einen speziellen Fall auch das beste Antidepressivum nicht mehr besonders viel helfen wird.

Mein erstes Medikament, welches mir wegen meinen Depressionen verschrieben wurde, bekam ich zum Ende des Jahres 2007, und zwar unmittelbar im Anschluss an die Trennung von meiner Ex-Frau. Mein äußeres

Erscheinungsbild entsprach zum damaligen Zeitpunkt wohl augenscheinlich einem Häufchen Elend, was als Zustandsbezeichnung immer noch ein wenig freundlicher und aufbauender klingt, als ein elender Haufen.

Ich muss allerdings zugeben, dass in meiner damaligen Verfassung die Erwartungen an ein Antidepressivum etwas höher lagen, als die Latten am Zaun in Nachbar's Garten. Als ich die erste Tablette, die für eine Stimmungstablette erstaunlich farblos war, mit einem großen Glas Wasser in meinen Verdauungstrakt spülte, erwartete ich nicht weniger, als ein funkensprühendes Silvesterfeuerwerk der guten Laune in meiner Gedankenwelt, das mich wie eine Spaßrakete ins zauberhafte Land befördern würde, wobei es mir im Grunde völlig egal gewesen wäre, welche Hexe ich bei meiner Landung platt gemacht haben würde.

Aber es geschah nichts.

Völlig verstört und irritiert rief ich am nächsten Tag meinen Arzt an, und fragte ihn in all meinem jugendlichen Leichtsinn der mir noch verblieben war, ob diese Wundertabletten womöglich kaputt seien? Denn ich würde weder ein farbenfrohes Intermezzo in meinem Gefrierfach, noch wild winkende Kühe auf einem Fahrrad an meinem Wohnzimmerfenster vorbeifahren sehen.

Der gute Doktor versicherte mir, dass mit mir und meinem Gefrierfach soweit alles in Ordnung wäre, da ein Antidepressivum natürlich erstmal einen gewissen Spiegel in meinem Körper aufbauen muss, und es so ungefähr zwei bis drei Wochen dauern würde, bis sich erste Wirkungen bei mir bemerkbar machen. Obwohl ich ihm glaubhaft versichern konnte, dass ich schon seit ewigen Zeiten nicht mehr in einem Ikea gewesen war, und es weder eine Garderobe noch einen Spiegel geben würde, den mein Körper unter Einsatz seines Lebens noch aufbauen müsste, so vertröstete er mich doch weiterhin auf die Dauer des genannten Zeitraums, den das Medikament nun mal benötigen würde, um seine zauberhafte Wirkung zu zeigen.

Ich ließ mich also am Telefon von einem ehemaligen Medizinstudenten abfertigen, wie ein Staubsauger-Vertreter an der Wohnungstür, und fasste den spontanen Entschluss, den Tabletten vielleicht ein klein wenig mehr Zeit einzuräumen, um diese Wunderkräfte in meinem Innersten zu entfesseln.

Also schluckte ich jeden Morgen brav meine Pille, und erwartete gespannt die Ankunft einer besseren Stimmung, wobei ich eher die Wahrscheinlichkeit in Betracht zog, auf offener Straße von einem Blitz niedergestreckt zu werden, beim Versuch meinen Lottoschein im Geschäft an der Ecke abzugeben.

Aber nach nur einer Woche war es dann endlich doch schon soweit; ich war genervt.

Meine Stimmung war am Boden, meine depressiven Gedanken bekamen schon eine leichte Depression, und im Lotto hatte ich auch schon wieder nicht gewonnen.

Nun hatte ich aber schon vor einiger Zeit nicht nur Lotto, sondern ebenfalls mit dem Gedanken gespielt, dass mit mir und meiner seelischen Verfassung etwas nicht stimmen konnte, und zwar lange bevor mein Arzt mir die weiße Glücks-Pille verschrieben hatte. Darum besorgte ich mir wohlweislich schon mal im Vorfeld einen Termin bei einem Therapeuten, da die Wartezeiten auf einen Termin länger sind als auf Godot, in der Hoffnung, dass dieser mir eventuell sagen könnte, was mit mir nicht stimmt. Also der Therapeut, nicht Godot.

Kurz nachdem ich mit der Einnahme meiner psychischen Droge begonnen hatte, waren dann auch in etwa die läppischen acht Monate Wartezeit wie im Sinkflug über die französischen Alpen vergangen, und ich erschien in der Therapeuten-Praxis zum ersten Termin.

Ich war unglaublich nervös, befand mich am Rande einer Panikattacke, und war gespannt auf den nächsten Schritt. Die freundliche Sprechstundenhilfe rief meinen Namen auf, und bat mich in einen der wohlig beheizten Behandlungsräume im hinteren Bereich der großzügig geschnittenen Praxis.

Freudig erregt, wie ein schwitzender Astronaut mit Durchfallerkrankung bei seinem allerersten Weltraumspaziergang, wartete ich auf das Eintreffen des allwissenden Therapeuten. Ich weiß leider seinen Namen nicht mehr, sonst würde ich ihn jetzt abändern.

Doktor X betrat also mit wehendem Kittel den Raum, in dem ich schon fiebrig auf meine Behandlung wartete. Nach kurzer Begrüßung folgte der Satz, vor dem ich mich doch so unglaublich gefürchtet hatte: Dann erzählen Sie mal.

Und nach nur zwei Minuten, gefüllt mit teils sinnlosen Wortfetzen, begann ich damit inbrünstig mein Herz auszuschütten.

Ich erzählte ihm alles. Der gute Mann kam in der ganzen Zeit nur relativ selten zu Wort, während ich mich voll und ganz meinem freigelassenen Redeschwall ergab. Fast eine ganze Stunde erzählte ich dem guten Doktor X mein seelisches Martyrium, und als er dann wieder langsam aus seinem Wach-Koma zu sich kam, sagte er mir den Satz, den ich nun wirklich am wenigsten erwartet hatte: Ja, da sind Sie bei mir leider falsch.

Trauer, Wut, Enttäuschung - das hab ich zuletzt gefühlt, als ich den Film "Van Helsing" gesehen hatte. Aber hier, in der Praxis eines Therapeuten, dem ich fast eine ganze Stunde lang die Ohren blutig geredet hatte, überraschte mich dieser Satz wirklich ganz arglistig von hinten, überwältigte mich, und warf mich mit ganzer Wucht zu Boden, womit ich schlussfolgerte, dass Trauer, Wut und

Enttäuschung in gegebenem Umfang durchaus ihre Berechtigung fanden.

Ich hatte wirklich acht Monate meiner Depressionen mit dem Warten auf einen Termin beim falschen Therapeuten in die Tonne getreten?

Doktor X erkannte wohl was in mir vorging, und nahm mir auch gleich im Nachgang sämtlichen Wind aus den Segeln. Er erklärte mir, dass er den richtigen Therapeuten für mich kennt, und er sich sofort darum kümmern würde, dass ich einen Termin bei diesem bekomme, noch bevor die Kennedy-Akten der Öffentlichkeit zugänglich gemacht werden sollten.

In Ermangelung einer echten Alternative, und dem kurzweiligen Verlust des klaren Denkens, nahm ich sein Angebot unter hingehaltener Hand an, um mich von ihm zu verabschieden. Vollkommen resigniert, und mit drastisch überschrittener Frustrations-Grenze, machte ich mich also wieder auf den Weg nach Hause.

Bevor ich, dort angekommen, aber wieder in voller Lebensgröße auf meiner Couch thronte, erhielt ich einen Anruf aus der Praxis des Therapeuten, den Doktor X als den richtigen für mich befunden hatte. Und meine Frustration wurde sogleich nur noch von meiner Überraschung getoppt, als ich einen ersten Termin gleich für den nächsten Tag bekam.

Meine innere Anspannung und Niedergeschlagenheit fiel mit einem Mal von mir ab, und eine unglaubliche Erleichterung machte sich in mir breit.

Ich hätte vor Glück und Freude die ganze Welt umarmen können, aber da ich weiß, wie kalt und feindselig diese ist, beschränkte ich mich darauf ihr von weitem nur freundlich hinüber zu winken.

Und entgegen aller Erwartungen konnte ich in der folgenden Nacht, nach langer Zeit, mal wieder relativ gut schlafen.

Der nächste Tag erwachte, und ich folgte seinem fulminanten Beispiel nur wenige Stunden später. Nach einem opulenten Frühstück, welches aus meiner Pille, zwei großen Tassen Kaffee und vier Zigaretten bestand, fühlte ich mich halbwegs in der Lage den bevorstehenden Tag in Angriff zu nehmen, auch wenn ich äußerlich nun wirklich nicht danach aussah, als hätte ich überhaupt nur den Hauch einer Chance irgendeinen Angriff, oder auch nur einen Blumentopf zu gewinnen.

Frisch gestärkt machte ich mich also gegen Mittag auf den Weg in die Praxis des *richtigen* Therapeuten, und weil ich schon lange keinen Namen mehr ändern durfte, nennen wir ihn einfach mal Doktor Leidlich.

Doktor Leidlich war ein netter Mann in seinen Fünfzigern, der mir höchstpersönlich die Türe seiner Praxis öffnete, als ich zum vereinbarten Termin fast überaus pünktlich erschien. Die Einrichtung seiner Praxis war spartanisch, und sein Behandlungsraum entsprach eher dem Aussehen und der Größe eines Wohnzimmers.

Wir nahmen beide an einem kleinen Tisch Platz, und starrten uns, gegenüber sitzend, erwartungsvoll an. Und zu meiner vollkommenen Überraschung sagte er nach einer kurzen theatralischen Pause: Na, dann erzählen Sie mal.

Kapitel 7

Gesellschaftsspiel der Unterschiede

„Meine Ex-Frau ist ein Borderliner", hätte die ganze Geschichte vermutlich um eine geschlagene Stunde verkürzt, wobei allerdings bei der Kernaussage keine weiteren Fragen offen geblieben wären. Wer von Ihnen mit dem eingängigen Satz ebenfalls etwas anzufangen weiß, der kann sich also getrost den Rest dieses Kapitels schenken. Falls Sie jedoch an Einzelheiten interessiert sein sollten, so müssen Sie sich wohl oder übel durch die folgenden Seiten quälen, so wie es alle anderen auch machen. Ich muss es ja ebenfalls tun, und das wird für mich bestimmt nicht einfach, also warum sollte ich es Ihnen leichter machen?

Drei lange, qualvolle und fast unerträgliche Jahre der Beziehung und des Ehelebens mit dieser Frau. Sie waren verdrängt. Sie waren so gut wie vergessen. Aber wirklich vergessen kann man so etwas leider nie. Ein Wort, ein Geräusch, eine Bewegung oder auch nur der Flügelschlag eines Schmetterlings können einen Orkan der Erinnerung in dir hervorrufen, der dich packt, und mit unglaublicher Leichtigkeit in das Land des vergessen Geglaubten bringt, und dich dort hilflos am Boden liegend zurück lässt. Oder eben wie in meinem Fall, auf dem Boden in der Praxis meines Therapeuten.

Sie waren wieder zurück; die teuren, verblassten Erinnerungen meiner glorreichen Vergangenheit, von der ich mir doch so sehr wünschte, sie wäre die von jemand anderem.

Bilder, die ich schon längst vergessen und begraben glaubte, kamen mit Schaufel und Spitzhacke wieder an die Oberfläche, wühlten sich einen unaufhaltsamen Weg aus dem dunklen Bergwerksstollen meines Unterbewusstseins, und grinsten mir frech ins Gesicht.

Meine Ex-Frau hatte fünf Kinder und vier Ex-Ehemänner, wobei drei der Sprösslinge wohl nur von einem Mann gewesen sein sollen, aber ich befürchte, dass hierbei, wie so oft, die Dunkelziffer wesentlich höher gewesen sein dürfte. Da sie mir natürlich bei unserem Kennenlernen keinen Lebenslauf von sich überreichte, lernte ich die knuffigen Einzelheiten ihrer illustren Vergangenheit, über die Jahre verteilt, so nach und nach kennen. Diese Frau war, wenn Sie so möchten, ein fleischgewordener Adventskalender, und hinter jedem der vielen Türchen lauerte eine kleine Überraschung auf ihren Befreier, wobei im Gegensatz zu dem vorweihnachtlichen Original, diese Überraschungen meist alles andere als süß waren.

Ihre Beziehungs-Methoden konnte man weitläufig wohl mit den Schlagworten „Zuckerbrot & Peitsche" benennen, was vermutlich schon zum jetzigen Zeitpunkt den enormen Verschleiß an Ehemännern rechtfertigen dürfte. Die Männer, die es bei ihr sonst noch gab, welche es nicht in den räudigen Hafen der Ehe mit ihr geschafft haben, lassen sich wohl auch nicht mehr anhand einer Dunkelziffer benennen.

Aber wir sollten hier und jetzt nicht vorschnell ein ungnädiges Urteil über diese Person fällen, denn im Gegensatz zur „Titanic" weiß man bei ihr nicht, wieviele drauf gewesen sind.

Und damit es hier auch weiterhin fair bleibt, sollte man vielleicht mal wieder die gute, alte Toleranz aus dem Keller holen und entstauben. Und hin und wieder eventuell auch ein Auge zudrücken. Aber um Himmels Willen, bloß das *eigene* Auge! Fremde auf der Straße reagieren da echt empfindlich, das kann ich Ihnen sagen.

Ich lernte Maike kennen, als ich mich von meiner damaligen Freundin Laetitia gerade getrennt hatte, und wenn Sie sich nun fragen sollten, wer jetzt Maike oder Laetitia sind, so sollten Sie es eventuell in Erwägung ziehen dieses Buch nochmal von vorn zu beginnen. Ich warte hier so lange auf Sie, versprochen.

Wenn man sich jetzt wie ich in einem sorgsam vorangeschrittenen Alter befindet, dann verfügt man über ältere und jüngere Erinnerungen. In der älteren Variante meiner kognitiven Rekonstruktionen hatte ich immer das Glück bei Frauen zu landen, mit denen es sich sehr gut und angenehm in einer Beziehung leben ließ. Dieses Glück wurde anscheinend kurz darauf das Opfer eines tragischen Verkehrsunfalls, als es auf dem Weg zur Lotto-Annahmestelle gewesen ist, und ich war dieser Frau für alle Fälle schutzlos ausgeliefert. Falls Sie jetzt mal versuchsweise Ihre jüngere Erinnerung bemühen möchten, könnte Ihnen mit viel gutem Willen wieder einfallen, um wen es sich bei Maike und Laetitia nun wirklich handelt.

Ich lebte bis zu diesem Zeitpunkt eigentlich schon immer in einer leicht depressiven Grundstimmung, die für mich allerdings relativ normal war, weshalb ich ihr auch niemals sonderlich große Beachtung zukommen ließ. Was jedoch eine richtige Depression bedeutet, sollte mir erst so richtig klar werden, nachdem die gute Maike mit mir fertig war.

Es ist die ewig alte und bekannte Geschichte. Mann trifft Frau, Mann verliebt sich in Frau, Mann verzichtet auf seine gängigen Hirnfunktionen, weil das Blut eben an anderer Stelle gerade dringender gebraucht wird, und zum Glück für alle Beteiligten ist das Atmen immer noch ein Reflex.

Die Kennenlern-Phase, und die damit verbundenen ersten Wochen, waren einfach nur wundervoll. Wir sahen uns wirklich so oft es nur ging, und wenn wir uns nicht sahen, dann telefonierten wir miteinander, und wenn wir nicht per Mobiltelefon verbal kommunizierten, dann schrieben wir uns eine Menge Textnachrichten, und ich frage mich gerade ernsthaft, wo wir damals noch die Zeit gefunden haben, um zu arbeiten.

Relativ früh bemerkte ich ihre schier unbändige Zuneigung gegenüber Schmerztabletten und Alkohol, allerdings ignorierte ich es weitläufig, denn wer bin ich schon, dass ich anderen Leuten ihr Hobby madig mache?

Allerdings hatte sie noch eine andere Lieblings-Freizeitbeschäftigung, in fülliger Form ihres letzten Ex-Ehemanns, sowie des letzten Ex-Freundes, mit denen sie ständig in irgendeinem physischen Kontakt stand. Dass es deswegen immer wieder mal zu diversen Streitigkeiten zwischen uns kam, ist schon fast so naheliegend, dass ich es hier an dieser Stelle erst gar nicht erwähne. Was tut man also, wenn die Partnerin sich zwar Liebe und Loyalität auf die Fahne geschrieben hat, sich aber damit mindestens dreimal täglich den Allerwertesten abwischt?

Richtig, man bündelt seine Schnüre, oder zumindest schnürt man sein Bündel, winkt der Frau recht freundlich zum Abschied zu, und verlässt die Bühne nach der rechten Seite, um hinter einem Vorhang zu verschwinden, der von kleinen, philippinischen Kindern, in liebevoller Zwangsarbeit, mühsam über Monate hinweg zusammengeklöppelt worden ist.

Die Beziehung mit Maike war also schon nach wenigen Wochen des rauschenden Glücks völlig abgerauscht, und ich befand mich wieder als glückloser Single in der freien Umlaufbahn des Lebens. Was jetzt nicht weiter tragisch gewesen wäre, denn außer dem bißchen Liebeskummer ging es mir gesundheitlich außerordentlich gut.

Aber nach einer kurzen Zeit, die mit nur zwei Werktagen wirklich sehr kurz bemessen war, kamen schon wieder die ersten Nachrichten von ihr per SMS, in denen sie mich natürlich wissen ließ, wie dumm sie doch gewesen ist, und dass sie mich liebt, und dass ich vielleicht noch eine Flasche Rotwein mitbringen sollte, wenn ich gleich vorbei käme.

Langes Elend – kurz im Sinn: Wir waren also nach einer sehr überschaubaren Trennungszeit wieder zusammen, und der ganze Eiertanz mit Holzpantoffeln begann wieder von vorn.

Ich kann Ihnen gar nicht mehr sagen wie oft wir uns innerhalb von zwei Jahren getrennt haben, nur um dann doch wieder gemeinsam auf den Zug der Beziehung zu hüpfen. Und es war ja auch nicht immer nur eine psychische Belastung, sondern gleichermaßen eine physische, als auch eine logistische. Denn irgendwann war ich eben bei ihr eingezogen, und das, was ich liebevoll aus Kartons ausgepackt hatte, um es dekorativ in ihrer Wohnung zu platzieren, musste bei einer Trennung ja wieder genau so liebevoll wieder eingepackt, verladen und abtransportiert werden.

Immerhin wurde ich im Laufe unserer zeitweiligen Trennungen immer besser im Ausräumen und Einpacken, und somit brauchte ich, nach nur wenigen Malen, für einen kompletten Auszug nicht mehr als einen Tag.

Es war wirklich zum Mäuse melken, und ihre beinahe halbstündigen Stimmungsschwankungen trugen jetzt nicht wirklich zu einem respektablen Gefühl der

Zusammengehörigkeit bei. Wir pflegten die täglichen Rituale der wiederkehrenden Streitgespräche, um uns auch gleich darauf wieder zu versöhnen, und wenn ein Ende der Streitigkeiten an diesem Tag mal nicht gegeben war, so zog ich eben kurzum wieder aus, nachdem sie mich lautstark aus ihrem Leben herausgeworfen hatte - um mich, nach spätestens zwei Tagen, wieder in ihr Leben zu bitten.

Als depressiver Mensch hat man meistens nur ein oder zwei bestimmte Ziele, denn mehr kann man sich als solcher auch wirklich nicht leisten. Einen festen Punkt vor Augen, versucht man demnach diesem Weg dorthin zu folgen, um irgendwann die Ziellinie zu überqueren, was für uns, an und für sich, schon einen ziemlichen Kraft- und Willensakt darstellt.

Maike wechselte ihre Ziele beinahe stündlich, und wenn sie einen wirklich guten Tag hatte, dann auch schon mal von einer Minute zur nächsten. Wenn man also was sagte, das in einem Moment der absoluten Richtigkeit entsprach, so konnte der gleiche Satz im nächsten die Hölle entfesseln, weil er in nur wenigen Minuten auf die dunkle Seite der Falschheit freudig übergelaufen war.

Das machte es für mich sehr schwierig eine Richtung zu erkennen, in die sich unsere Beziehung bewegte, wobei ich mir nach relativ kurzer Zeit so vorkam, wie eine Kompassnadel am Nordpol. Vielleicht bin ich deshalb auch nicht von ihr weg gekommen, weil meine innere Kompassnadel durch sie so sehr hin und her sprang, dass ich irgendwann die Orientierung verloren hatte, und kein Fundbüro auf der ganzen weiten Welt mir diese hätte wiedergeben können. Es war, als würde man sich Tag um Tag durch die gesamte Woche arbeiten, ohne dem verdammten Freitag auch nur ein klitzekleines Stückchen näher zu kommen. Man hängt seit 72 Stunden im Mittwoch drin, und der will und will einfach nicht vorüber gehen, was sich im übrigen genau so anfühlt wie ein ganz normaler Montag.

Ach, was wäre doch die Woche ohne Freitage? Richtig, sie wäre kürzer, bei einem normalen Durchlauf. Und ich sehe auch weiterhin keinen vernünftigen Grund, weshalb man zum Beginn einer Woche jetzt unbedingt einen Montag benötigen würde. Ganz ehrlich, kein Mensch mag den Montag!

Ungeliebte Tiere kann man im Tierheim abgeben, und für ungewollte Babys gibt es die Baby-Klappe; aber wo zum Geier kann man diesen doofen und unnötigen Montag entsorgen? Wobei ich die Baby-Klappe für eine glatte Fehlkonstruktion halte, denn ich bin fest davon überzeugt, dass den meisten Eltern erst bewusst wird, wie unglaublich nervig ihr Kind ist, wenn es die Pubertät erreicht hat. Und wie will man eine pubertierende und verpickelte Nervensäge durch so eine kleine Klappe stopfen? Ohne den entsprechenden Ehrgeiz und eine Kettensäge hat man da wohl ganz schlechte Karten.

Aber zurück zum Montag, den ich sogar fast noch mehr hasse, als den Freitag, und ich mir lebhaft vorstelle, wie man das miese Stück vor einer johlenden Menschenmenge auf den Marktplatz zerrt, und ihn an den Pranger kettet, wo er vom tobenden Mob mit Salatköpfen, Tomaten und faulen Eiern beworfen wird. Das Gleiche könnte ich mir übrigens sehr gut für untreue Partner/-innen vorstellen.

Wenn ich dieses Szenario in meine Vergangenheit übertragen würde, so hätte man meine Ex-Frau mehrmals am Tag zum Pranger schleifen müssen, was ihre Fremdgeh-Rate dann wahrscheinlich doch sehr brutal auf eine nicht ganz zweistellige Zahl pro Tag runtergeschraubt hätte.

Ich vermute jetzt einfach mal in den blauen Himmel hinein, dass der eine oder die andere von Ihnen ebenfalls schon einmal feststellen musste, dass Treue in einer Partnerschaft nicht von jedem als selbstverständlich angesehen wird. Hätten Sie sich nicht auch eine gleichwertige Demütigung für den treulosen Zellhaufen gewünscht? Die gleichen Schmerzen, die man Ihnen zugefügt hat?

Wut, Enttäuschung, Zorn – man könnte fast der Meinung sein, dass man sich den Film „Van Helsing" angesehen hätte, allerdings verspürt man ebenfalls noch diese seltsame Art der tiefen Traurigkeit. Gut, wenn man es ehrlich betrachtet, fühlt sich „Van Helsing" doch ganz *genau so* an.

Und während man wieder wie ein frischgebackenes Dumm-Brot in die offenen Arme des untreuen Partners zurückkehrt, und sich die Frage stellt, ob man ihm jemals verzeihen kann, hört man sich die ganzen üblichen, hohlen Phrasen an, mit denen wir alle schon so oft weichgekocht worden sind.

"Es ist nicht das, was du denkst! Das hast du völlig falsch verstanden! Ich habe dabei die ganze Zeit nur an dich gedacht! ...ich liebe dich doch....Schatz, natürlich liebe ich dich! Aber du musst mir vertrauen! Nur ich kann dich glücklich machen, denn von jetzt an bin ich dir treu! Du musst nur wollen!"

Die richtige Reaktion, vor allem in Bezug auf meine Ex-Frau, wäre wohl ein gut platzierter Faustschlag voll auf die Zwölf. Aber da ich Gewalt verabscheue, lebe ich weiter mit den Demütigungen der Vergangenheit, und warte sehnsüchtig auf den Freitag, der mir signalisiert, dass es garantiert auch wieder einen Montag geben wird, an dem die ganze Scheiße wieder von vorn beginnen wird.

Das Schlüsselwort heißt auch ganz bestimmt nicht "verzeihen". Mit Verzeihen ist noch kein Mensch wieder glücklich geworden, zumindest nicht der denkende Teil. Das Schlüsselwort heißt vielmehr "weitermachen", wobei letztendlich jeder für sich selbst entscheiden muss, wie weit er dabei gehen möchte. Leben Sie ihr Leben, und sehen Sie bloß nicht zurück.

Die Vergangenheit kann Ihnen nichts mehr für die Zukunft bieten. In Erinnerungen zu schwelgen kann die Gegenwart, und auch die Zukunft, nicht besser machen. Es wird nie mehr so sein, wie es einmal gewesen ist. Aber es kann doch immer wieder besser werden. Jederzeit, und an jedem Tag.

Kapitel 8

Der König der Narren in Venedig

Und es gab durchaus auch Momente, in denen wurde es besser, auch wenn diese seltener waren, als ein gut gelaunter Depressionist an einem bewölkten Tag. Diese, zeitlich leider sehr begrenzten Abschnitte des unbeständigen Glücks, schöpfte ich natürlich jedesmal zur Gänze aus, und ließ es mir nicht nehmen sie auch ausgiebigst zu genießen. Gerade weil eben unsere, doch sehr innig zelebrierte und heftig ausgelebte Beziehungsgrundlage die Streitereien blieben.

Ein ganz unglaublich schlimmer Tag, für mich als eingefleischten Depressionsliebhaber, war schon immer mein Geburtstag, aber ohne Ihnen dafür jetzt einen maßgeblichen Grund benennen zu können. Es ist einfach so, und ich versuche mich jedes Jahr aufs Neue damit zu arrangieren, indem ich ihn weitgehend und so gut wie möglich ignoriere. Was will man auch groß an diesem Tag feiern, außer dass man Gevatter Tod wieder ein Stückchen näher gekommen ist?

Der erste Geburtstag, den ich mit Maike verleben durfte, war der, an dem ich 35 Jahre alt wurde. Es war für mich im Endeffekt ein ganz normaler Arbeitstag, und ich hegte nicht eine einzige Erwartung für die vor mir liegenden Stunden. Okay, es gab schon für mich nach Feierabend einen Geburtstags-Kuchen, sowie eine sehr gemütliche Tasse Kaffee, aber das sollte es im Großen und Ganzen für mich gewesen sein.

Doch wie ich schon so oft in der Vergangenheit am eigenen Leib erfahren durfte, war die gute Maike auch diesmal für eine echte Überraschung gut. Einen ganz besonderen Glanzpunkt, in unserer doch ziemlich glücklosen Beziehung, überreichte sie mir vorerst nur in Form eines Umschlags, in dem sich fünf Zettel befanden. Auf jedem dieser zusammengefalteten, kleinen Zettel stand etwas geschrieben, und Maike fügte erklärend hinzu, dass ich mich für eine Sache darauf entscheiden müsse.

Ich kann mich leider nicht mehr daran erinnern, was auf jedem einzelnen Papierstück geschrieben war, aber drei bekomme ich gerade noch so zusammen. Auf einem stand „Wale beobachten in Norwegen", und auf einem anderen „Hot Dog essen auf dem Times Square".

Kurz gesagt: Ihr Geschenk an mich sollte ein Zwei-Tage-Trip für uns beide sein, und ich musste das Ziel aussuchen, auch wenn sie schon insgeheim damit gerechnet hatte, dass ich mich sofort für den heißen Hund in New York entscheiden würde. Aber es war noch ein anderer Zettel aus dem Geschenkumschlag vorhanden, der mein Interesse doch mehr geweckt hatte, und auf diesem stand in sehr großen Buchstaben „Venedig".

Zum besseren Verständnis, was die Art des Geschenks betrifft, sollte ich an dieser Stelle vielleicht noch kurz am Rande erwähnen, dass ich bis zu diesem Zeitpunkt so gut wie nie aus Deutschland raus gekommen bin, zumindest nicht was einen Urlaub betrifft, so kurz der auch gewesen sein mochte.

Und weil ich im Grunde doch einfach nur ein romantisch veranlagtes Kerlchen bin, fiel meine Wahl eben nicht auf den Wal oder den heißen Hund, sondern auf Venedig.

Zu diesem Zeitpunkt war ich auch wirklich noch der naiven Überzeugung, dass wir mit der Bahn dahin fahren würden.

Seit frühester Jugend leide ich schon unter Platzangst, Höhenangst, und sogar Angstangst. Und da sich meine unglaubliche Höhenangst, auch nicht mit viel gutem Willen, mit einer kleinen und fliegenden Blechbüchse vereinbaren lässt, sollte ich schon bald erkennen, dass ich ebenfalls ein äußerst aufnahmebereiter Hafen war, um einer ziemlich massiven Flugangst ein würdevolles Zuhause zu bieten.

Bei dem nicht zu vermeidenden Gedanken daran, in eine von diesen sehr hastig zusammengedübelten Konservendosen irgendeines äußerst obskuren Billigfluganbieters zu steigen, bekam ich nicht nur einen äußerst saftigen und geruchsintensiven Schweißausbruch nach dem nächsten, sondern ebenfalls eine mehr als heftige Schnapp-Atmung, die sich nicht nur die Zähne geputzt, sondern ebenfalls gründlich gewaschen hatte.

Das alles rollte wie eine Lawine auf mich zu, als Maike mir verkündete, dass unser Flieger in vier Tagen startet.

Ich erspare Ihnen und mir die Beschreibung der etwa viertägigen Panikattacke am Stück, der ich mich nach dieser Ankündigung aufopfernd zugewandt hatte, und begebe mich direkt zu diesem schicksalhaften Tag.

Es war ein wundervoller Samstag im Ferienland Nummer Eins für Japaner und Taiwanesen, und alle, die schon früh morgens so aussehen, als hätten sie herzhaft in eine Zitrone gebissen!

Die strahlende Sonne durchwanderte einen nahezu wolkenlosen Himmel, der in einem unglaublichen Blau erschien, so dass man sich zu keinster Zeit im Monat Februar zu sein glaubte. Ich erwachte an diesem Morgen folgerichtig gut gelaunt, denn unser Flug sollte erst gegen Abend die heimatlichen Gefilde verlassen; und das bestenfalls mit mir an Bord.

Wir hatten unsere Ober-, Mittel- und Unterwäsche für die kommenden zwei Tage gemeinschaftlich in einem rollbaren Reisekoffer verstaut, der sogar, wie wir dann gegen Abend am Gepäckband des Zielflughafens total erstaunt feststellen durften, die Destination zeitgleich mit uns erreicht haben sollte. Aber ich greife vor.

Noch befanden wir uns also frohgemut im guten, alten Deutschland, und bereiteten uns allmählich für die Abfahrt zum Flughafen vor, und schafften dieses kleine Wunder auch vollkommen ohne jegliche Sichtung eines Streitgesprächs.

Maike hatte mir für meine erste Teilnahme an der Geschichte der Luftfahrt wohlweislich Reisetabletten besorgt, die zwar gut geeignet erschienen, um das spontane Erbrechen meines Mageninhaltes über meinen Sitznachbarn zu verhindern, allerdings bei einer akuten Panikattacke leider sang- und klanglos versagten. Von diesem Wissen allerdings noch zur völligen Gänze befreit, warf ich die Reisepillen ein, wie Tic Tac.

Am Nachmittag machten wir uns dann gegen 15 Uhr mit meinem Auto auf den Weg zum Flughafen. Als wir diesen dann nach gefühlten drei Tagen, aber einer doch mehr als realistischeren Stunde, tatsächlich erreichten, erwartete uns die frenetisch jubelnde Menschenmenge freudestrahlend und winkend am bereits hell erleuchteten Eingangsbereich, und ich kann Ihnen sagen, dass diese Reisepillen schon ziemlich früh damit begannen zu wirken.

Ich stellte mein Auto auf dem Dauerparkplatz ab, und wir marschierten etwa fünf Kilometer nach Westen, bevor wir im Schein der untergehenden Sonne die heiligen Hallen des Terminals erblickten. Dort angekommen begaben wir uns auch sogleich zum entsprechenden Schalter, um dort unser einziges Gepäckstück vertrauensvoll an das qualifizierte Bodenpersonal zu überreichen. Nachdem wir diese logistische Meisterleistung absolviert hatten, suchten wir sofort eine Bar auf, in der ich mich auch fast eine ganze Stunde bemühte, mir mit Alkohol eine gewisse Flugtauglichkeit anzusaufen, was mir auch nach dem dritten Glas auf unglaubliche Art und Weise gelang. Und dann war es endlich soweit.

Unser Flug wurde aufgerufen, und wir mussten einchecken.

Das nun folgende Drama würde ich Ihnen gerne ersparen, aber ich muss leider mit meinem Buch eine gewisse Seitenzahl erreichen, darum müssen Sie jetzt, so leid es mir auch tun mag, da durch.

Die Anschläge des 11. September 2001 gehörten zwar zum damaligen Zeitpunkt schon längst der verblassten Vergangenheit an, was allerdings nicht auf die vor mir liegenden, ausufernden Sicherheitsmaßnahmen der Flughafenkontrolle zutraf.

Kennen Sie das? Sie lassen vorausschauend sämtliche Hieb- und Stichwaffen Zuhause in der, Ihnen wohl vertrauten, Küchenschublade liegen, in der absoluten Gewissheit, dass diese Sie in den nächsten Stunden keinesfalls auch nur einen Meter näher an Ihr Ziel bringen werden, weswegen Sie auch spontan Ihren Sprengstoffgürtel an der Garderobe im Flur haben hängen lassen. Ohne also auch nur eine einzige Waffe am Körper, allerdings mit einer mehr als tödlichen Flugladung Bier im selbigen, stehen Sie also an den Pforten der Sicherheitskontrolle, und leeren Ihre Taschen in einen kleinen Behälter.

„Was ist das denn", brummte auf einmal der Sicherheitsbeamte, wobei ich mir ziemlich sicher war, dass er die Antwort darauf bereits kannte, er aber in seinem Beruf wohl jegliche Form der Bestätigung gut gebrauchen kann. In seiner handlichen Pranke hielt er mein funkelndes, kleines Zippo-Feuerzeug, welches schon seit über zwanzig Jahren seinem rauchenden Besitzer gehörte. Gern hätte ich mir vor seinen Augen auch gleich eine Zigarette angezündet, um dem guten Mann zu beweisen, dass Feuer nicht zwangsläufig auch Böse sein muss – entschied mich dann aber doch in Anbetracht meines baldigen Abflugs dagegen.

„Das dürfen Sie so nicht mit an Bord nehmen", sprach der Sicherungs-Wachtmeister weiter, ohne auch nur eine Antwort von mir auf seine Frage abzuwarten, was natürlich sofort meinen Verdacht erhärtete, dass dieses Musterexemplar eines kognitiv suboptimierten Homo Sapiens sehr wohl wusste, was er da in seiner Hand hielt.

Mutmaßliche Terroristen marschierten fröhlich, mit ihren frisch gemixten Molotow-Cocktails winkend, an der überaus gründlichen Flughafenkontrolle vorbei, während ich mit hochrotem und gesenktem Kopf vor einem besseren Strafzettelschreiber stand, der mein überaus bedrohliches Feuerzeug wie ein umgekehrtes Hakenkreuz des Satans vor meinem Haupt schwenkte.

„Das müssen Sie in Ihrem Koffer verstauen, bevor Sie ihn am Schalter abgeben", erklärte der Kontrolleur.

Maike hatte die Sicherheitskontrolle bereits ohne einen Zwischenfall hinter sich gebracht, und wartete auf der anderen Seite auf mich, während ich dem Schaffner erklärte, dass wir unseren Koffer schon vor über einer Stunde am Schalter abgegeben hätten, und ich somit mein gefährliches Feuerzeug darin nicht mehr deponieren könne.

Das interessierte den Bademeister jetzt nicht mehr wirklich, und er verwies mich auf das Informations-Büro, welches nur etwa dreißig Meter von uns entfernt war. Ich legte einen kurzweiligen Sprint hin, und fand auf erleuchtende Weise heraus, dass das Öffnen von Türen schon richtig weh tun kann, wenn man nicht zeitig genug die Klinke herunterdrückt.

Nachdem ich den Informations-Büro-Insassen meine klägliche Situation erläutert hatte, boten sie mir an, meine Terror-Waffe in Verwahrung zu nehmen, bis ich wieder in zwei Tagen zurückkommen würde, gegen eine läppische Gebühr von nur 5 Euro. Fluchend griff ich mit meiner rechten Hand in die entsprechende Gesäßtasche, um auch gleich höchst amüsiert dabei festzustellen, dass diese leer war.

Siedend heiß überkam mich die Erinnerung, dass ich mein Portemonnaie in der Flughafen-Bar an Maike übergeben hatte, damit sich die Anzahl der metallischen Gegenstände an unseren Körpern ein klein wenig ausgleichen sollte. Was war ich doch so unglaublich clever.

Mit den Worten „Ich bin gleich wieder da", rannte ich wie ein vom Blitz getroffener Lottospieler zurück zur Sicherheitskontrolle, wo ich mir einen der dort unnütz rumstehenden Wachtmeister griff, und diesen bat, meine bereits im Sicherungsbereich wartende Freundin nach 5 Euro zu fragen.

Nach stundenlangen Minuten kam dieser dann auch mit einem Schein zurück, den er mir fies grinsend überreichte, womit ich gleich unverzüglich einen weiteren Sprint zum Informations-Büro hinlegte.

Mittlerweile hallte der letzte Aufruf für meinen Flug durch die Lautsprecher des Flughafens, und ich knallte den Geldschein hastig auf den Schreibtisch der feisten Bürohengste. Diese überreichten mir lässig einen Abholschein, und keine zehn Minuten später befand ich mich auf meinem nächsten Kurzsprint zurück zum Sicherheitskontrollbereich.

Ich schwitzte und zitterte am ganzen Körper, dabei hatte ich bis zu diesem Zeitpunkt noch nicht mal ein Flugzeug auch nur von außen gesehen. Aber endlich hatte ich dann die Kontrollen bestanden und hinter mich gebracht, und erreichte den nächsten Bereich, in dem Maike schon leicht genervt auf mich wartete. Das Boarding hatte begonnen.

Nachdem wir einer freundlich grinsenden Dame in Uniform unsere Tickets gezeigt hatten, marschierten wir durch eine, sich automatisch öffnende Tür, und standen auf dem Rollfeld.

Wir standen auf dem Rollfeld?

Wo war das Gateway? Wo der lange Flur, durch den man gehen musste, bevor man sich durch einen engeren Schacht an Bord des Flugzeugs begab?

Wir standen auf dem Rollfeld, und mussten uns per pedes zu der Maschine bewegen, die keine 300 Meter entfernt parkte, und auf uns wartete. Und ziemlich schlagartig wurde mir klar, dass der Flughafen Hahn nicht nur durch seinen Namen ein eher ländliches Idyll assoziierte.

Wir erreichten die Maschine, erklommen langsam die Stufen nach oben, und begaben uns an Bord. Und als Maike mich fragte, wo ich gerne sitzen möchte, fiel mir spontan dieses schnuckelige, kleine Café ein, in dem ich während meiner Schulzeit so viele glückliche Sportstunden verbracht hatte. Allerdings meinte sie wohl, ob ich lieber am Fenster oder am Gang sitzen wollte, wobei ich mich natürlich als kampferprobtes Fluchttier spontan für den Gangplatz entschied.

Bald saßen wir also in unseren Sitzen, und ich konnte schon nach zwei Minuten nicht mehr mit Genauigkeit sagen, wo meine Hand aufhörte, und die Armlehne anfing. Es dauerte dann auch keine ganze Stunde mehr, bis sich die Blechbüchse auf Rädern langsam in Bewegung setzte, und zur Startbahn rollte.

Den Sicherheitsanweisungen schenkte ich keine allzu große Beachtung, denn ich konnte mir beim besten Willen nicht vorstellen, was mir eine Schwimmweste bringen sollte, wenn sich die Maschine im 48-Grad-Winkel in den Erdboden bohrt. Dafür hätte ich mir dann doch viel eher Eimerchen und Sandschippe gewünscht.

Dann war es aber endlich soweit. Die Maschine beschleunigte, und wechselte schon bald von der lächerlichen in die wahnsinnige Geschwindigkeit, während ich draußen vor dem Fenster einer uns überholenden Radfahrerin freundlich zuwinkte. Ich konnte mir nicht vorstellen, dass man bei diesem lachhaften Tempo irgendwas dazu bringen könnte, die Gesetze der Schwerkraft zu überwinden. Und dann riss dieser ehemalige Flugschüler den Steuerknüppel nach hinten.

Falls Sie mal häufiger unter heftigstem Sodbrennen leiden sollten, empfehle ich Ihnen öfter mal mit einem Billigflieger vom Flughafen Hahn zu starten. Ihre Magensäure wird dermaßen damit beschäftigt sein, alles erdenklich Erbrechbare so schnell wie möglich zu zersetzen, dass sie keine Zeit mehr dafür haben wird, den Ort des Geschehens unerlaubt zu verlassen, um Ihre Speiseröhre zu verätzen.

Wir fuhren also mit geschätzten achtzig Sachen, und hoch erhobener Nase, über die Startbahn, bis unser kleiner Hobby-Pilot dann wohl doch noch irgendwann das Gaspedal entdeckte, und auch im gleichen Moment kräftig betätigte.

Majestätisch erhob sich der stählerne Adler in den blauen Himmel. Nur leider war es der Adler eines Konkurrenzunternehmens auf der Startbahn neben uns, und ich wünschte mich, unter Absonderung eilig gestammelter Stoßgebete, an Bord des anderen Fliegers, der auch irgendwie sicherer aussah, als diese Zigarrenkiste mit Flügeln. Aber wahrscheinlich hätte in dem Moment sogar eine Rohrbombe für mich sicherer ausgesehen, also vergrub ich meine Fingernägel einfach ein wenig tiefer in den nachgiebigen Plastikrahmen meiner Armlehne.

Einen kurzen Aufschrei später musste ich etwas irritiert feststellen, dass es sich bei der Armlehne um den Arm von Maike gehandelt hatte, was ich aber nur geflissentlich zur Kenntnis nahm.

Nachdem wir dann endlich unsere Flughöhe erreicht hatten, und wir uns von unseren Plätzen losbinden durften, rief ich sogleich den guten Knecht mit der Bordverpflegung zu mir, und bestellte mit trockener Kehle ein Bier.

Auf seine ernste Frage „Heineken oder Bofferding?", wiederholte ich meine vorangegangene Bestellung ein weiteres Mal, wobei ich diesmal die Betonung mehr auf das *Bier* legte.

Aber was will man schon für 4 Euro erwarten?

Ich überreichte dem Meister des Servierwagens das Geld, und erhielt im Gegenzug eine 0,3l Dose mit erfrischend lauwarmem Heineken, wobei mir aber in diesem Augenblick eh schon alles egal war.

Und als ich mich an meinem handwarmen Bier labte, schweifte mein Blick aus dem Fenster, und verharrte minutenlang auf dem Ereignis, welches sich mir dort draußen bot. Die unglaubliche, und Ehrfurcht gebietende Aussicht auf die unendliche Weite des Himmels, hoch oben über den Wolken, blieb mir leider vollends verwehrt, weil die Sonne inzwischen am Horizont mehr als nur versunken war. Ich starrte also hinaus in die Dunkelheit, während ich mir so gut ich konnte einzureden versuchte, dass das Heineken nicht wirklich wärmer war als das, was sich bereits in meinem Magen befand, und auf dessen Eintreffen wartete.

Da war es. Dieses Wort. Eintreffen. Und plötzlich fiel mir siedend heiß wieder ein, dass diese fliegende Suppenschüssel ja auch mal irgendwann wieder landen musste.

Der Flug dauerte ungefähr eine Stunde, oder, für die Bierkenner unter Ihnen, zwei lauwarme Heineken lang.

Unser Schiffschaukel-Kapitän gab dann durch die sehr leisen Lautsprecher bekannt, dass er gleich mit dem Landemanöver beginnen würde. Eine Hand legte sich von hinten schwer auf meine hängende Schulter, und ich verkündete reflexartig, und ohne mich umzudrehen, dass der Rasen links hinterm Haus sei. Aber es war nur die gütige Stewardess, die mir empfahl mich anzuschnallen, und deren Anweisung ich auch gleich folgte.

In diesem Moment stieß unser Kapitänspraktikant seinen Steuerknüppel nach vorne, und die Maschine verfiel in einen derartigen Sinkflug, dass ich schon glaubte, nicht Venedig, sondern Pearl Harbor wäre unser Zielhafen, während ich in meiner Nähe mit geübten Blicken die Kabine nach japanischen Schriftzeichen absuchte. Aber außer vielen panischen Gesichtern konnte ich in der kurzen Zeit nichts wirklich beunruhigendes erkennen.

Irgendwann zog er die Maschine dann doch wieder etwas nach oben, und wenige Sekunden später setzten wir sanft wie ein Dampfhammer auf italienischem Boden auf, was meine beiden sehr lieb gewonnenen Kumpels, die Heinekens, auch gerne sofort mit einem weiteren Vier-Euro-Kumpel gefeiert hätten, aber ich konnte sie dann doch davon überzeugen, dass das Anschnall-Zeichen noch hell erleuchtet war, und ich weiterhin gern auf das tief ergreifende Erlebnis, mich auf einer Flugzeug-Toilette zu erleichtern, verzichten würde.

Nachdem wir aus dem Kamikaze-Bomber ausgestiegen waren, erwartete uns schon ein Bus, um uns zum Flughafengebäude zu fahren.

Ein Bus!

Ich bitte Sie zu beachten, dass das Flughafengebäude in etwa die Größe der Lotto-Annahmestelle bei mir Zuhause um die Ecke hat. Und da wird man mit einem Bus gefahren, und muss nicht laufen?

Kurz darauf waren alle Formalitäten erledigt, und wir verließen den Flughafen mit unserem Koffer, und bestiegen einen Bus, der uns direkt an unseren Zielort kutschieren sollte, was er im Endeffekt auch tat.

Ich war müde und erschöpft, und nachdem wir uns jeweils ein Ticket für zwei Tage gekauft hatten, mit denen sich hemmungslos die Transportboote nutzen ließen, stiegen wir auch gleich in ein solches ein, und schipperten durch die bunt schimmernde Lichterwelt von Venedig, unserem Hotel entgegen.

Das kleine Hotel befand sich auf der Insel Lido, direkt gegenüber der wundervollen Lagunenstadt, und wir erreichten es sogar kurz bevor ich einschlief. Der Portier hieß uns in perfektem Italienisch willkommen, während er uns anschließend in sehr gebrochenem Englisch unser Zimmer zuwies. Ich bekam davon jedoch nicht mehr wirklich viel mit, denn ich war total erledigt von diesem ereignisreichen Tag, und ich fiel auch bald darauf zuerst in das Bett, und im Anschluss sogleich in einen tiefen, von Heineken gesponserten Schlaf, wobei ich die grobe Vermutung hege, dass die Wirkung der Reisepillen etwa zwei Stunden später einsetzte.

Die nächsten beiden Tage kamen mir vor, als befände ich mich in einem Traum, denn unglaublich viele Eindrücke donnerten auf mich herab, und begruben mich unter einem Geröllhaufen des Unwirklichen.

Wenn man sein Leben lang jeden Tag das gleiche sieht, und findet sich dann plötzlich in Venedig wieder, so kann das einen Menschen schon mal vom Schlitten hauen.

Am Sonntagmorgen frühstückten wir dann erstmal ausgiebig im Restaurantbereich des Hotels, bevor wir eines der Transport-Boote benutzten, das uns nach Venedig bringen sollte. Es war wirklich das absolute Traum-Wetter, mit einem äußerst blauen Himmel, sowie strahlender Sonne, und ich konnte immer noch nicht wirklich glauben, dass es der Monat Februar war, in dem wir uns befanden. Es kam mir alles so überaus unwirklich vor, dass ich schon glaubte, die beiden Gebrüder Heineken hätten sich mit den Reisepillen aufs niederträchtigste miteinander verbunden, und gegen mich verschworen.

Egal wo ich hinschaute, es gab überall etwas Neues zu entdecken, und ich war alleine von der Architektur vor Ort überwältigt.

Ich möchte jetzt hier an dieser Stelle nicht in einen Reiseführer abdriften, und ich kann auch wirklich nicht mehr in allen Einzelheiten wiedergeben, was ich in dieser wundervollen Stadt alles erlebt habe, da es in diesem Moment einfach viel zu viele Eindrücke waren, die meine Sinne völlig unvorbereitet in einen rauschartigen Zustand versetzten.

Der Markusplatz war nicht so groß, wie ich ihn mir vorgestellt hatte, obwohl es der größte Platz auf dieser Seite der Durchlauchtigsten ist, aber doch liebevoll gestaltet, und sogar die vielen

Hundertschaften von Tauben hatten an diesem besonderen Ort einen gewissen Hauch von verzaubernder Romantik, als die Viecher in ihrem gedankenversunkenen Tiefflug den Touristen auf die Schultern schissen.

Und doch war dieser recht weitläufige Markusplatz, mit den beiden Löwensäulen und dem angrenzenden Dogenpalast, einer der Plätze, der mich dann doch am meisten beeindruckt hat. Vielleicht lag es aber auch bloß daran, dass es die erste Sehenswürdigkeit an diesem sonnigen Sonntagmorgen gewesen war, die wir erblickten, nachdem wir dessen Anlegestelle mit dem Boot erreicht hatten.

Hier stellte ich dann auch sehr belustigt fest, dass die Anlegestellen als Busbahnhof, und die Transportboote als Busse bezeichnet werden.

Venedig verfügte zu diesem Zeitpunkt über ganz unglaubliche 398 Brücken, und so wie meine Füße noch etwa eine Woche später geschmerzt haben, sind wir über mindestens 395 von ihnen gelaufen.

Ich dachte immer, dass Venedig nur von einer Menge Wasser durchzogen wäre, aber ich entdeckte eine nicht zu schätzende Zahl von kleinen Gassen sowie winzigen Nebenstraßen, und ich stand mehr als nur ein Mal in einer klaustrophobischen Sackgasse, und bestaunte die dort aufgebahrten Mülltonnen.

Am Canal Grande, der an vielen Stellen wirklich grande ist, führte fast kein Weg vorbei, was Sie jetzt wirklich nicht wörtlich nehmen sollten, denn natürlich führen Wege an einigen Stellen des Kanals entlang.

Als wir sehr spät an diesem Abend wieder in unser kleines Hotel zurückkehrten, nahmen wir nur einen schnellen Garderobenwechsel vor, und wanderten durch die Straßen von Lido, auf der Suche nach einem warmen Abendessen.

Maike wollte vorher noch an einem Bankautomaten etwas Geld abheben, und machte die Erfahrung, dass italienische Automaten die Bankkarten nicht wieder zurückgeben, wenn sie diese erstmal eingezogen haben. Es gab für sie also weder Karte, noch Geld.

Zu unserem Glück hatte ich noch eine gewisse Barschaft dabei, welche wir kurz vor unserem Abflug noch als ausreichend eingestuft hatten.

Bei unserer Suche nach einer warmen Mahlzeit, oder einer heißen Suppe, fiel unsere spontane Wahl auf ein kleines Restaurant, welches *sie* aussuchte. Man konnte diese Lokalität mehr als nur wohlwollend mit einer in Deutschland geläufigen Pizzeria bezeichnen. Warum auch nicht? Wenn man schon mal in Italien ist, sollte man auch ruhig mal eine der dortigen Spezialitäten probiert haben.

Die Pizza, welche meinen Tischplatz nach sehr kurzen dreißig Minuten erreichte, war zum Glück nicht mehr roh, allerdings konnte man sie auch beim besten Willen nicht mehr als *medium* bezeichnen, was eine ungesunde Schwarzfärbung auf der Unterseite mehr als nur geschickt verhinderte. Nachdem ich den überaus netten Kellner, in weltsprachlich anerkannter Gebärdensprache, auf diesen zur Holzkohle mutierten Teigfladen hinwies, erreichte mich der zweite Gourmet-Klassiker keine dreiviertel Stunde später.

Ich hatte mich schon immer gefragt, ob es sich dabei um ein Klischee handelt, dass Italiener zu jedem Essen eine nicht unerhebliche Menge eines köstlichen Rebensafts konsumieren. Dazu kann ich Ihnen nur sagen, falls Sie wirklich einmal die ausgewiesene Landesspezialität verspeisen müssen, sind Sie über wirklich jeden Liter Alkohol dankbar, mit dem Sie den unliebsam verkokelten Fraß runterspülen können.

Als wir unsere Teller geleert und Mägen gefüllt hatten, gönnten wir uns als kleine Belohnung noch einen Eis-Becher, der zumindest schon nach zwanzig Minuten unseren Tisch erreichte, und wirklich nicht wesentlich wärmer war, als das vorherige Essen.

Ich bezahlte das Verzehrte mit einem Geldschein, der so eiskalt wie die Rechnung war. Die genaue Summe kann ich Ihnen leider nicht mehr sagen, aber ich hatte an diesem Abend den begründeten Verdacht, dass es sich bei dem Betrag um die gesamte Monatsmiete des Restaurantbetriebes handelte. Und empört über so viel Unverschämtheit bekam der Kellner auch nur ein kleines Trinkgeld.

Nachdem uns das Essen wie italienisches Blei im Verdauungstrakt lag, machten wir noch einen kleinen Spaziergang, bevor wir anschließend ins Hotel zurück kehrten, und uns zur wohlverdienten Ruhe begaben.

Alles in allem gingen diese zwei Tage natürlich viel zu schnell vorbei, und ich fühlte eine leichte Traurigkeit, als wir uns am Mittag des folgenden Montags wieder auf den Weg in Richtung Heimat machten.

Den Rückflug versuchte ich dann auch durchaus etwas entspannter anzugehen, was ich allerdings knicken konnte, als sich ein paar Reihen vor uns eine junge Mutter hinsetzte, mit einem plärrenden Balg. Dieses, erst vor kurzem vom Haarwuchs befallene, Kleinkind unterstützte sehr stimmlich den gesamten Sicherheits-Vortrag, sowie die auch immer noch recht holprige Startphase. Meine Hoffnung, dass der kleinen und nervigen Heulboje in luftigen Höhen auch irgendwann die Luft ausgehen würde, zeigte sich leider in keinster Weise bestätigt, denn das lärmende Miststück hielt bis zur Landung hinweg den gleichen Ton, und ich habe die Vermutung es war Schiss-Moll.

Am Heimatflughafen angekommen, holte ich dann im Informations-Büro mein heißgeliebtes Zippo ab, bevor ich mit den letzten zwanzig Euro das Parkticket für mein Auto bezahlte, und wir nach Hause konnten.

Für einen waschechten Depressionisten, wie mich, gibt es im Laufe des Lebens nicht wirklich viele großartige oder bemerkenswerte Glanzpunkte. Viele von uns sind allein schon damit zufrieden, wenn sie einen weiteren Tag einfach nur ohne niederschmetternde Gedanken überstanden haben, um ihn ruhigen Gewissens dann irgendwann kurz nach Mitternacht abzuhaken.

Deswegen ist es auch so enorm wichtig für uns, sich schon an der geringsten Kleinigkeit zu erfreuen. Auch wenn diese einem *normalen* Menschen mehr als nur nichtig erscheinen mag, so sind es doch für uns die herausragenden Angelpunkte in unserem Dasein.

Wenn man dem christlichen Glauben denn auch wirklich glauben schenken mag, dann schulden wir Gott mit dem Tag unserer Geburt ein Leben. Es mag vielen wie ein Geschenk vorkommen, aber es entspricht doch unterm Strich einfach nur einer Leihgabe, und das

Überziehen der Frist kostet nur unnötige Gebühren.

Also wenn es ihn da oben wirklich geben sollte, wird er sich wohl schon was dabei gedacht haben, als er mich am Tag meiner Geburt auf diese Welt gesetzt hat. Denn dieses Datum steht unabänderbar für alle Zeiten fest, und wahrscheinlich ist der Zeitpunkt und das Datum meines Todes auch bereits in einem großen, dicken Buch vermerkt.

Im Endeffekt werden auf meinem Grabstein diese beiden Daten stehen, und es wird vollkommen uninteressant sein, wieviele Tage, Monate oder Jahre es am Ende geworden sind. Denn das einzig wichtige an diesen beiden Daten auf meinem Grabstein ist der Bindestrich dazwischen.

Und ein kleiner Teil dieses Bindestrichs ist und bleibt für mich Venedig.

Kapitel 9

Wohin gehst du, wenn du gehst?

Auch wenn Sie jetzt vermuten könnten, dass dieses Kapitel jetzt in eine esoterische Richtung wandern wird, würden Sie zwar nicht ganz falsch liegen, befänden sich aber doch mit absoluter Sicherheit so ziemlich am südlichsten Punkt der Wahrheit.

Aber falls Sie ein Himmelreich-Fanatiker sein sollten, der sich einen sicheren Platz im göttlichen Paradies erhofft, so lassen Sie mich ganz schnell die Frage beantworten, was uns nach dem Ableben erwartet: Nichts.

Woher kommt das nur? Warum muss es für manche Menschen immer ein *Danach* geben?

Vielleicht liegt es an der landläufigen Gewohnheit, dass es im alltäglichen Leben auch immer ein Danach gibt, und damit meine ich mal ausnahmsweise nicht die am besten vorhergehende Rechtfertigung um eine Zigarette zu rauchen. Man erkennt diese gutgläubigen Menschen aber auch sehr leicht daran, wenn diese versuchen sich mit jemandem zu verabreden.

- Treffen wir uns später noch auf einen Kaffee?

- Kann nicht, ich muss noch Mohrrüben zählen.

- Und danach?

- Danach mäste ich meine Koi-Karpfen.

- Und danach?

- Ersteche ich die Koi-Karpfen mit den Mohrrüben.

Merken Sie was? Es muss für gewisse Menschen, sofern sie nicht auf Gemüsebeilage zum Backfisch bestehen sollten, immer noch eine Möglichkeit geben, um auf ihre liebgewonnene Lebensfortführung noch eins drauf zu setzen. Es muss immer ein *Weiter* geben, und vielleicht noch ein *Mehr*, aber ganz sicher gibt es dann doch ein *Danach*. Und wofür?

Damit ich dann weiterhin noch eine Gelegenheit haben werde, den entsprechenden Glimmstengel dazu zu rauchen. Die viel gerühmte Zigarette danach erfreut sich wohl auch deswegen so großer Beliebtheit, weil sie sich auch ein billiges Flittchen leisten kann; und wie finde ich jetzt eine glückliche Überleitung zu meiner Ex-Frau?

Wenn Maike und ich stritten, meist wegen Lappalien, so taten wir das auf eine mehr als äußerst aggressive, verbale Art und Weise, die schon allein wegen der wüsten und Wände durchdringenden Beschimpfungen verhinderten, dass wir unsere Nachbarn näher kennenlernen durften.

Vielleicht wissen Sie ja, wie es ist, sich mit einem völlig argumentationslosen Menschen zu streiten, der aber bis zum bitteren Ende Recht behalten will? Man ist irgendwann von seiner eigenen, ständig wiederholten Litanei dermaßen gelangweilt, dass man der überaus launischen, besser wissenden Kontrahentin das Feld überlässt, ihr vor die Füße kackt, und vom Kampfplatz verschwindet. Natürlich rein metaphorisch gesehen.

Meist stürmte ich einfach nur aus der Wohnung, sprang in mein Auto, und fuhr los.

Aber wohin?

In den Sommermonaten konnte ich es durchaus schon mal verkraften, eine ganze Nacht in meinem Auto zu verbringen, auch wenn ich dann am nächsten Tag äußerst übellaunig auf meiner Arbeit erschien. Aber im Herbst, oder auch im Winter? Ich kann und darf Ihnen glaubhaft versichern, dass es bei Schnee und Eis, auf einem ländlichen Parkplatz, sogar in einem Volvo von Zeit zu Zeit ziemlich kalt werden kann.

Natürlich fand ich auch mehr als ein Mal eine sichere Zuflucht im Hause meiner Eltern, aber wie oft würden Sie sich die Blöße geben, dass man Sie schon wieder aus der Wohnung geworfen hat, mitten in der Nacht?

Sehen Sie? Und auf eine weitere Moralpredigt meines Vaters konnte ich dann auch nach einem nächtlichen Rauswurf gut und gern verzichten. Also zitterte ich mich in den kalten Wintermonaten sanft in den Schlaf, auf der umgeklappten Rückbank meines treuen Autos.

Freunde und Bekannte wohnten alle etwas weiter weg, sodass mir wirklich nichts anderes übrig blieb, als in meinem fahrbaren Untersatz zu nächtigen, und mir zumindest in einem speziellen Fall eine ziemlich fette Lungenentzündung einzufangen.

Schon am nächsten Tag rief mich dann Maike auch immer an, warum ich denn nicht nach Hause kommen würde, wo sie mich doch gerade erst zu meinem eigenen Besten rausgeschmissen hatte? Während der meist schlaflosen Nacht, wäre ich ja wohl bestimmt in der Lage gewesen über meine Fehler nachzudenken.

Dazu sollte ich Ihnen jetzt fairerweise sagen, dass das was sie *Fehler* nannte, für einen normal denkenden Menschen *Argumente* waren. Da Maike aber sowas nie hatte, durften auch alle anderen keine haben, was sie dann bei einem Streit zu dem Schluss kommen ließ, dass ich Unrecht hatte. Ja, so schnell geht das mit der Logik. Da passt man nur einmal nicht richtig auf, und schon löst sie sich in einseitigem Wohlgefallen auf.

Aber warum ließ ich mir das immer weiter gefallen? War das Liebe? War das Abhängigkeit? Oder ein sehr obskurer Hang zum Masochismus?

Und warum tat sie mir das immer wieder an? Aus Liebe? Konnte das wirklich die gute alte Liebe sein?

Wo sind nur die teuren, vergangenen Zeiten geblieben, als es wirklich noch Liebe gab? Also, ich meine jetzt die wirkliche, echte Liebe, und nicht so einen verbalen Missbrauch, wie in "...ich liebe diese Schuhe!".

Menschen, die in der Lage sind, Liebe für einen Gegenstand zu empfinden, aber nicht für einen Menschen, sind mir seit jeher suspekt, und ich muss sagen, dass mir diese Entwicklung überhaupt nicht gefällt, wobei ich allerdings langsam befürchte, dass wir das Ende dieser emotionalen Abstumpfung noch lange nicht erreicht haben.

Ich nahm während der letzten paar Jahre meiner depressiven Erscheinung die wohl unterschiedlichsten Medikamente ein, die "stimmungsaufhellend" wirken sollten.

Aber mal rein interessehalber gefragt: Wozu?

Warum sollte sich meine Stimmung aufhellen? In einer Welt, in der ich mich eigentlich nicht wohl fühle? In der ich immer wieder nur verarscht und verraten werde? In der niemand mehr Rücksicht nimmt? In der Emotionen nur hinderlich sind? Über solche Sachen denke ich immer wieder nach, und egal, wie sehr ich mir gern die Realität zurechtsaufen möchte, glaube ich nicht, dass es dafür genug Alkohol auf der ganzen Welt geben könnte, um dieses Wunder bei mir zu bewirken.

Sind *wir* wirklich die Kranken? Sind wir es wirklich, mit unseren Depressionen, Panikattacken, etc.? Oder sind wir einfach nur die letzten Realisten, in einer unglaublich kranken, und ebenso gefühlstechnisch manipulierten Welt, die uns einfach nur weismachen möchte, dass *wir* es sind, mit denen etwas nicht stimmt?

Im Endeffekt machte *das* Maike's ganze Reaktion aus, was mich betraf: Mit *mir* stimmte was nicht.

Ich war derjenige, der nicht ganz dicht war, während sie sich weiterhin durch die Betten poppte, sei es jetzt mit ihrem Ex-Freund, dem Ex-Mann, oder wer auch immer ihr gerade mal dazwischen kam.

Ich wollte es zum damaligen Zeitpunkt leider absolut nicht zugeben, aber wenn ich ehrlich zu mir gewesen wäre, dann wäre mir auch bewusst gewesen, wo mich dieser steinige Weg hinführen würde: In die totale Katastrophe.

Aber noch steckte ich brav jeden eskalierenden Streit und jede noch so demütigende Erniedrigung weg, als wäre ich seit meiner Kindheit auf dieses abartige Verhalten konditioniert worden.

Liebe? Daran hatte ich damals zumindest nicht den leisesten Zweifel. Aber auch aus einer Diarrhoe lässt sich schon rein grammatikalisch kein Gold machen, und genau so verhält es sich mit der Liebe.

Wenn Sie erstmal in so einer Beziehung festhängen, dann bleibt Ihnen im Grunde nicht mehr viel anderes übrig, als sehnsüchtig die Ankunft des Gevatter Tod zu erwarten. Und ich kann Ihnen sagen, je mehr Sie ihn herbei wünschen, desto mehr Zeit lässt sich der alte, knochige Kuttenträger.

Wie oft habe ich schon einen Klempner angerufen und zu mir bestellt, um einfach mal zu testen, wer denn früher vor meiner Haustür erscheinen wird. Zu meiner großen Verwunderung gewann bisher jedesmal der Rohrverleger, und nicht der Seelensammler.

Aber irgendwann einmal wird auch dieser an meiner Türe klingeln, und dann stellt mir der Grimm die bekannte, unausweichliche Frage, vor der ich mich natürlich doch ein wenig fürchte: „Na, Alex? Alter Kumpel, wie lange bist du schon auf dieser Welt, Morgen mal nicht mitgerechnet?"

Und da Sie ja bereits meine Standardantwort auf diese Frage kennen, hoffe ich nur, dass mein treues Auto mich so schnell wie möglich in Sicherheit bringen wird, bevor der schneidige Sensenmann feststellt, dass es links hinterm Haus überhaupt keinen Rasen gibt.

Kapitel 10

Randnotizen eines depressiven Geistes

Manchmal möchte ich wirklich einfach nur alles hinter mir lassen, und Auswandern. Gerade an diesen Tagen, wenn mich die Gedanken mal wieder an die vielen Jahre erinnern, in denen ich meine Depressionen exzessiv zelebriert habe, packt mich immer so eine Art innerer Drang, den ganzen Mist abzuschütteln, und mich auf den Weg zu machen. Aber wohin?

Vor einigen Jahren sah ich mich schon hinter der Theke meines eigenen Hot-Dog-Standes in Simbabwe an der Autobahn. Und so abwegig mir dieser Gedanke auch anfangs erschienen ist, umso interessanter wird er mit fortschreitendem Alter.

Irgendwas muss ich auf jeden Fall machen, denn der Tonfall unserer derzeitigen Bevölkerung sagt mir wohl überhaupt nicht zu.

Warum nur ziehen die Menschen sich gegenseitig immer so runter? Wenn du nichts Nettes zu einem Menschen sagen kannst, dann sag lieber gar nichts. Das sollte in unserer Gesellschaft eventuell als Gesetz eingeführt werden.

Natürlich gibt es immer und überall mehr oder weniger große Meinungsverschiedenheiten, Auseinandersetzungen, Streitereien, und damit habe ich ja auch gar kein Problem. Solange einige Regeln auf beiden Seiten eingehalten werden. Wir sollten viel freundlicher miteinander umgehen, gerade auch in einem Streit.

Jeder hat wohl ein Recht auf seine Meinung, und jeder sollte sie auch äußern dürfen, ohne dafür angefeindet zu werden. Man muss ja eine andere Meinung nicht teilen oder gutheißen, aber man kann sie zumindest respektieren. Der Umgangston ist in den letzten Jahren immer aggressiver geworden. Dabei wünschen sich die meisten Menschen nur, dass ihr streitbares Gegenüber einfach mal ein bißchen freundlicher und umgänglicher sein sollte, auch wenn das bedeutet, dass sie es in denjenigen reinprügeln müssten.

Wir schreiben das Jahr 2017, und es herrscht Krieg da draußen, und damit meine ich nicht den ausufernden Sommer-Schluss-Verkauf bei Heckler & Koch. In unseren Geschäften und Betrieben, sowie auf unseren Straßen kämpft jeder gegen jeden. Die Bevölkerung dieser Welt wächst jeden Tag weiter an, und die Toleranz scheint dagegen proportional abzunehmen, was sich mit keiner Brigitte-Diät logisch erklären lässt.

Jeder Mensch versucht krampfhaft immer besser zu sein, als alle anderen. Es muss ihm auch immer besser gehen, als allen anderen. Was jetzt nicht zwangsläufig voraussetzt, dass es ihm gut gehen muss, solange es ihm nur *besser* geht. Eine vertrackte Logik.

Mir kann also das Wasser ruhig bis zum Hals stehen, wenn nur alle anderen schon die Wasserstandsmarke über den Augenbrauen haben. Ist sowas nicht krank? Manchmal bin ich direkt froh, dass ich "nur" Depressionen habe, und nichts *ernstes*. Wobei doch wohl die schlimmste Krankheit von allen wäre, wenn man ganz "normal" ist. Denn dagegen gibt es kein Heilmittel und keine Kur, keine Bandagen und keine Therapien.

Die Menschen da draußen leben in dem Bewusstsein, dass sie normal sind, und alles, was von ihnen und ihrem Verhalten abweicht, ist krank. Ist das normal? Oder ist das doch vielleicht eher krank? Ab wann ist Kranksein normal? Oder wie normal muss ich sein, um krank zu werden?

Nachdem Maike und ich uns mal wieder auf glorreiche Weise zerstritten hatten, was natürlich mal wieder in einem meiner schon legendären Auszüge gipfelte, war ich kurzzeitig der Meinung, dass dieses Mal etwas von entscheidender Andersartigkeit gewesen sei. Ich bin zum damaligen Zeitpunkt wirklich der ziemlich naiven Überzeugung gewesen, dass unsere Trennung diesmal endgültig war. Das schien sich schon alleine dadurch anzukündigen, dass wir nicht schon wieder nach nur zwei Tagen glücklich vereint gewesen sind.

Nach ihren Textnachrichten an mich, sowie den etlichen Telefongesprächen, die wir daraufhin führten, drängte sich mir allmählich der Verdacht auf, dass die gute Maike es eventuell doch geschafft hatte, ihre von mir tot geglaubten Hirnzellen endlich mal zu einigen kognitiven Höchstleistungen anzupeitschen, und auch wirklich über ihr eigenes Verhalten mir gegenüber nachzudenken. Sie zeigte sich demzufolge einsichtig, und auch reumütig, weswegen sie auch mehr als nur gewillt war sich mit mir zu treffen, damit wir uns bei dieser Gelegenheit dann endlich mal miteinander aussprechen konnten.

Am Abend des vereinbarten Treffens stand ich dann pünktlich, und mit großen Erwartungen, vor ihrer Tür, und erbat klingelnd Einlass, den sie mir auch sehr schnell gewährte. Falls Ihnen jetzt die Aufteilung der Wohnung ein wenig unsinnig erscheinen mag, so kann ich es aber dennoch nicht ändern, dass wir, um uns gesprächsbereit im Wohnzimmer nieder zu lassen, erst das Schlafzimmer passieren mussten. Aufgrund der vertrauten Gewohnheit zog ich meine Schuhe aus, und stellte diese im Schlafzimmer ab, bevor ich es mir im

Wohnzimmer nebenan auf dem Sofa bequem machte.

Meine Erwartungen erlitten recht schnell eine ziemlich herbe Enttäuschung, als ich kurz nach Beginn unseres Gesprächs feststellen musste, dass die gute Maike bei ihrer Fehlersuche anscheinend doch wieder mal nur in meiner Person fündig geworden war. Es stellte sich sehr schnell heraus, dass sie keinesfalls an einer offenen Unterhaltung, oder einem klärenden Gespräch mit mir interessiert war, sondern mir einfach wieder nur vorwerfen wollte, was ich doch für ein dummer und unsensibler Mensch sei, der noch nicht mal blind genug wäre, um über ihr permanentes fremdvögeln hinweg zu sehen.

Das war mir dann doch einfach nur zu doof, und als ich merkte, dass dieses Gespräch zu keinem guten Ergebnis führen würde, zog ich die Reißleine und stand auf, um dieser unnötigen Konversation ein wohl verdientes, wenn auch recht frühes Ende zu setzen.

Ich verließ laut schimpfend das Wohnzimmer, und ich gebe zu, dass ich Maike dabei wohl einen flatterhaften Schmetterling genannt habe, mich allerdings dabei aber eher einer recht derben Gossensprache bediente. Während ich Maike also im Wohnzimmer wähnte, saß ich auf dem Bett, schlüpfte in meine Schuhe, und wollte mir diese gerade zuschnüren, als sie im energischen Stechschritt auf mich zu kam. Keine zehn Zentimeter vor mir blieb sie stehen, und plötzlich befand sich meine Brille nicht mehr an ihrem angestammten Platz, sondern flog zügig durch den großen Raum.

Mit anderen Worten: Maike hatte mir eine mehr als satte Ohrfeige verpasst, und durch die enorme Wucht gleich die Brille von meiner Nase geschlagen. Ich war baff.

Ein Mann schlägt keine Frau. Frauen sind sehr zarte und zerbrechliche Wesen, denen man niemals auch nur ein Leid zufügen darf. Ein Mann, der eine Frau schlägt, ist kein Mann. Wenn man, so wie ich, mit diesen Werten erzogen worden ist, dann hatte man also spätestens jetzt ein Problem. Aber auch jetzt wurde in meinem Kopf nur eine Szenerie abgespielt, und zwar, wie ich mir meine Brille greife, und diese Wohnung so schnell wie nur möglich verlasse.

Und während ich mir noch meine Flucht in Gedanken ausmalte, wurde ich mit Wucht nach hinten gestoßen, fand mich auf dem Rücken liegend auf dem Bett wieder, und Maike hockte sich auf meine Brust, wobei sie begann wie eine Furie auf mich einzuschlagen.

Ich kam mir vor wie in einem Albtraum. Der Schock hatte mich in völlige Starre versetzt, und so seltsam das auch klingen mag, konnte ich fünf harte Schläge in meine linke Gesichtshälfte zählen, bevor ich spürte, wie eine glühende Flüssigkeit über meine Wange zu meinem Ohr lief. Das war dann wohl auch dieser eine Moment, indem ich meine gute Erziehung vergaß, und einfach ausrastete.

Sie sollte nur damit aufhören. Ich wollte lediglich, dass sie mich in Ruhe ließ, und nicht mehr so auf mich einprügelte. Aber wenn mal 75-80kg auf Ihnen drauf sitzen, dann haben Sie schon arge Probleme diese von sich runter zu bekommen, vor allem wenn sich dabei noch lange Fingernägel in Ihre linke Gesichtshälfte krallen. Mit meinen Händen konnte ich Maike leider nicht erreichen, da diese einfach nur damit beschäftigt waren mein blutendes Gesicht vor weiteren Schlägen zu schützen.

Also nutzte ich das, was ich noch recht frei bewegen konnte – meine Beine.

Irgendwie gelang es mir ihre Handgelenke zu greifen, wobei sie sich natürlich gleich daran machte, sich aus meinem geschwächten Griff herauszuwinden. Mit all meiner verbliebenen Kraft versuchte ich die auf mir Sitzende etwas nach links zu verlagern, hob mein freies rechtes Bein hoch, und begann sofort Maike von mir runter zu treten. Ich traf sie mehrmals wuchtig an der Seite, und sie kippte ein wenig mehr nach links. Ihre Hände entkamen meinem Griff, womit sie sich gleich daran machte mein Bein abzuwehren, aber ich nutzte meine Freiheit der Hand, um sie mit wilden Schlägen weiter von mir abzuschütteln.

Es kam mir wie eine Ewigkeit vor, bis ich endlich wieder frei war. Als ich immer verzweifelter um mich schlug, ließen Maikes Attacken mehr und mehr nach, und hörten dann irgendwann auf. Sie lag neben mir auf dem Bett und heulte.

Ich band mir meine Schuhe zu, schnappte mir meine Brille vom Boden, und ging blutend, aber ohne ein weiteres Wort aus der Wohnung.

Für mich war in diesem Moment das Kapitel endgültig erledigt.

Und nur einen Tag später hatte Maike mich bei der Polizei angezeigt.

Dieses teilte mir die gute Frau natürlich brühwarm und standardgemäß per SMS mit, ebenso wie die sehr interessante Tatsache, dass sie sich im Krankenhaus befand. Wie sich dann später herausstellte, hatte sie diverse blaue Flecken davongetragen, wie ich auch, und in der Magengegend klagte sie über sehr starken „Druckschmerz". Das müssen Sie sich jetzt in etwa so vorstellen: Der Arzt drückt mit seiner Hand auf Ihre Bauchdecke und fragt, ob das weh tut, und Sie sagen „Ja".

Zur damaligen Zeit arbeitete ich noch für ein privates Postunternehmen, und meine Tour führte mich auch täglich an der örtlichen Polizeiwache vorbei. Also lieferte ich am nächsten Arbeitstag nicht nur die Post auf der Wache ab, sondern fragte wegen der Anzeige nach.

Ich wurde gleich weitergeleitet in ein Büro, wo mich ein diensthabender Polizist erwartete. Dieser teilte mir auch gleich mit, dass Maike wirklich eine Anzeige gegen mich erstattet hatte, und stellte mir dann auch gleich einige Fragen. Natürlich ermahnte er mich sofort, dass ich nichts aussagen müsse, ohne meinen Anwalt zu kontaktieren. Da sich dieser aber wohl noch mitten in seinem Studium befand, und ich nichts zu verbergen hatte, informierte ich den Polizisten über jene schicksalhafte Nacht.

Natürlich unterschied sich die Aussage von Maike mit meiner, und laut ihren Angaben hätte ich sie äußerst brutal zusammengeschlagen. Dem entgegen sprach natürlich erstmal die Tatsache, dass sie kaum echte Verletzungen hatte, sowie ihre (dumme) Aussage, dass sie zuerst zugeschlagen hatte. Selbstverständlich hatte sie ihre Prügelattacke gegen mich nicht angegeben, aber den ersten Schlag, was die Polizei dann doch dazu veranlasste in meinem Fall von Notwehr auszugehen.

Was soll ich jetzt noch groß alles aufbauschen? Ihre Aussage war ein Witz, die so genannten Verletzungen nicht existent, und die Staatsanwaltschaft fegt diese Anzeige mit einer Bewegung vom Tisch runter, wo vermutlich aufnahmebereit ein großer Papierkorb auf sie wartete.

Und obwohl Maike verloren hatte, so konnte sie doch noch einen Sieg für sich verbuchen. Denn jetzt hatte sie etwas, das sie immer gegen mich anbringen konnte. Aber dazu später mehr.

Kapitel 11

Narrendämmerung

Dieser kleine Satz mag Sie jetzt wie ein Dampfhammer treffen, aber ich muss Ihnen hier und jetzt einfach mal gestehen, dass nicht nur die Hoffnung ein treuer und beständiger Begleiter in meinem turbulenten Leben gewesen ist, sondern ebenfalls der oftmals immens unterschätzte Humor. Und als hätte man es nicht schon irgendwie geahnt, habe ich in meiner illustren Vergangenheit schon einiges an materiellen, sowie idealistischen Werten einbüßen müssen, allerdings versuchte ich schon immer jeder noch so großen Tragödie auch eine humorvolle Seite abzugewinnen.

Der Humor wurde schon in früher Jugendzeit meine Mauer, durch die niemand hindurch brechen konnte. Als ich begriff, dass auch Humor ein Gegenüber treffen und verletzen konnte, wurde er meine Waffe. Das ging mir über die Jahre so sehr in Fleisch und Blut über, dass ich es schon eigentlich nicht mehr kontrollieren kann, sehr zum Leidwesen einiger lieber Menschen, die ich irgendwann in mein depressives Leben lasse, und Schwierigkeiten haben mit meiner Art klar zu kommen.

Aber auch der umwerfendste Humor schützt nunmal bekanntermaßen vor Dummheit nicht, und das einzig bewundernswerte an mir, ist die äußerst zielstrebige Entschlossenheit, mit der ich immer wieder in die bereitstehenden Fettnäpfchen des Lebens trete, die es für mich in seiner liebreizenden Art überall für mich aufgestellt hat. In den meisten Fällen treffe ich diese sogar im freihändigen Anlauf, und mit verbundenen Augen. Doch zur Not genügt auch völlig eine Frau, die mich freundlich an einen heranführt, und sagt: „Spring da mal rein".

Was jetzt nicht bedeuten soll, dass ich alle Frauen über einen Kamm schere, und behaupte, dass alle schlecht sind, oder zumindest extrem einen an der Waffel haben. So etwas würde ich mich niemals trauen.

Nein, ganz ehrlich, ich komme wirklich fantastisch mit dem zweitbegabtesten Geschlecht der Gattung Mensch auf diesem Planeten zurecht, und ein Blitz möge mich sofort niederstrecken, sollte ich die Unwahrheit sagen, aber bitte erst nachdem ich im Lotto gewonnen habe.

In dem gehobenen Bewusstsein, dass nichts in diesem gigantischen Universum einer beinahe grenzenlosen Beständigkeit unterliegt, trennte ich mich also von Maike, in dem Glauben, dass wir alle nichts weiter sind, als winzige Sandkörner im post-apokalyptischen Getriebe der Zeit, die hinweg geweht werden, wie die Asche eines Toten von einer Klippe in Australien, und ich finde noch eindrucksvoller kann man den Titel dieses Kapitels nicht in einem Satz zusammenfassen.

Der Gedanke an unseren physischen Schlagabtausch begann durch die dunklen, verwinkelten Windungen meiner Großhirnrinde zu geistern, und bis dieser auch nur ansatzweise in die Nähe meines Kleinhirns gelangen konnte, sollte noch eine Menge Wasser über die Mühlen auf einen heißen Stein tropfen, der dann in einen tiefen Brunnen fiel, wobei er dort einen Krug zerbrach, während ein Spatz einer Taube aufs Dach schiss.

Um ein Langes kurz zu machen: Es begann ziemlich an mir zu nagen, dass ich eine Frau geschlagen hatte.

Ich rutschte also allmählich in diese hammerharte Krise, die mich auch mit offenen Armen warmherzig empfing, und ich fragte mich gleichzeitig, warum sie mir nicht anerkennend auf die Schulter klopfte, da ich es doch nun sehr wohl geschafft hatte mich endlich von dieser weiblichen Katastrophe zu trennen. Immerhin hatte ich ja auch gerade durch meinen Job viele Menschen kennengelernt, die mir auch immer wieder zeigten, dass es im Leben noch mehr gab als das, was ich sowieso nicht hatte.

Also was lag da wohl näher, als mich von noch mehr Zweifeln plagen zu lassen, und ich kann Ihnen sagen, wenn diese Biester einen erstmal an den Haarwurzeln gepackt haben, dann beten Sie aber inbrünstig, dass sich diese Haare nur auf Ihrem Kopf befinden mögen.

Aber Maike ließ mich nicht los, und schon gar nicht in Ruhe. Wir schickten uns jeden Tag mehrere, und auch längere Textnachrichten, und ich besuchte sie sogar im Krankenhaus. Fragen Sie mich jetzt nicht warum sie so lange darin gelegen hat, aber ich kann Ihnen glaubhaft versichern, dass Maikes schauspielerische Leistungen manchmal wahrhaft oscarverdächtig waren.

Es kam also, wie es kommen musste. Nach noch nicht mal zwei Wochen waren Maike und ich wieder zusammen, was mich jetzt an dieser Stelle wirklich nicht mehr intelligent erscheinen lässt. Sie müssen das an dieser Stelle jetzt auch nicht unbedingt begreifen, sondern einfach nur verstehen. Sollten Sie das nicht können, dann frage ich mich, wie Sie lesend bis zu dieser Seite vorgedrungen sind.

Erinnern Sie sich wenigstens noch, dass ich Ihnen am Ende des letzten Kapitels sagte, dass Maike einen Sieg errungen hatte, zu dem ich mich allerdings erst später äußern wollte?

Herzlich Willkommen, es ist später.

Nach dem physischen Gewaltausbruch war mein recht beschauliches, kleines Weltbild doch ziemlich arg ins Wanken geraten, denn die Art der Konfliktbewältigung in meinem bisherigen Leben lag mehr auf der verbalen Ebene, und ganz bestimmt nicht auf der körperlichen und schlagkräftigen. Und doch war die Situation an diesem Abend eskaliert, und ich hatte etwas getan, mit dem ich nicht wirklich klar kam, auch wenn es aus reiner Notwehr erfolgt war.

Das war für Maike natürlich ein gefundenes Fressen, und sie bekam sehr schnell raus, wie sie mich immer wieder an diesem wunden Punkt treffen konnte. Wenn ihr bei allen zukünftigen Streitereien die Argumente ausgingen, was ziemlich oft relativ schnell vorkam, beschimpfte sie mich einfach als Schläger, und schon war ich ausgebremst.

Aber das war ihr noch lange nicht genug. Sie war der Ansicht, dass ich dringend Hilfe benötigen würde, und vereinbarte für mich einen Termin bei einem hiesigen Neurologen.

Dieser sehr spezielle Doktor seines Fachgebiets hatte bei vielen seiner Kollegen einen recht unzweifelhaften Ruf, was ich selbst allerdings erst sehr viel später herausfinden sollte. Aber nach dem, was ich in seiner Praxis alles erlebte, wunderte es mich im Nachhinein nicht im geringsten.

Diesem Neurologen sollte es in einem sehr kurzen Zeitrahmen gelingen mich noch mehr zu verunsichern, was mich nunmehr dazu veranlasst ihn für den, nicht unerheblichen, restlichen Teil des Buches als Doktor Prankenstein zu benennen.

Zum ersten Termin erschien ich pünktlich und sehr nervös in seiner Burg, und damit meine ich natürlich seine Praxis, wobei ich jetzt keinesfalls irgendwelche Assoziationen hervorrufen wollte.

Hoch oben, am Firmament des dunkelsten Morgens in der Geschichte des Abendlandes, grollte der mächtige Gott des Donners und verschoss zuckende Blitzsalven aus seinem Zepter der Macht. Man hätte also, ohne auch nur übertreiben zu müssen, völlig frank und frei behaupten können, dass der Tag schon mal echt beschissen begann.

Ich saß dann nach recht kurzer Wartezeit im Büro des Doktor Prankenstein, und wurde immer zittriger, weil ich nicht wusste, was mich erwarten würde.

Der gute Doktor war ein Mann in den Endvierzigern, mit einer mehr als nur fortgeschrittenen, beginnenden Halbglatze, der mich über den Rand seiner kleinen Nickelbrille mit neugierigem Blick betrachtete.

Gerade als ich dachte, dass jetzt ein guter Zeitpunkt wäre, um seine Praxis wieder zu verlassen, forderte er mich plötzlich auf ihm zu erzählen, was an dem Abend des Schlagabtauschs denn vorgefallen sei.

Wahrheitsgetreu berichtete ich ihm alles von diesem mehr als verstörenden Vorfall, und auch, dass mich mein Verhalten äußerst beunruhigte. Der gute Doktor sah mich dabei die ganze Zeit an und lächelte sehr huldvoll. Und nachdem meine Berichterstattung ihr absehbares Ende gefunden hatte, erzählte er mir in einem sehr vertrauten Tonfall, dass ich mir nicht so viele Gedanken darüber machen solle, denn auch er hätte in jüngeren Jahren schon eine Frau geschlagen.

Davon musste ich mich erstmal erholen.

Da saß ich also in der Praxis eines Neurologen, der mir sehr anschaulich davon berichtete, dass er aufgrund einer nicht unerheblichen Menge Alkohols, und eines darauf folgenden Streits, seine damalige Freundin doch ziemlich massiv geschlagen hatte. Die Situation, in der ich mich gerade befand, kam mir mehr als nur unwirklich vor, und ich erwartete schon fast ein weißes Kaninchen zu erblicken, das hektisch auf seine Uhr sah, und dabei ununterbrochen stammelte, dass es doch keine Zeit hätte.

Während ich innerlich durch ein Loch im Raum-Zeit-Gefüge stürzte, versicherte mir der gute Doktor Prankenstein, dass mit mir doch alles in Ordnung sei, und ich mir echt keine Sorgen machen müsste, denn welcher normale Mann würde nicht gerne schon mal seiner Frau oder Freundin eine kacheln?

Außerdem würde, was meine Situation betrifft, ja noch erschwerend hinzukommen, dass Maike angefangen hatte auf mich einzuschlagen, und ich mich wohl nur verteidigt hätte.

Natürlich gab ich ihm dahingehend Recht, aber doch versuchte ich ihm gleichzeitig begreiflich zu machen, dass mich gerade eben dieses Verteidigen maßgeblich verunsichert hätte, und ich mich irgendwie ziemlich schuldig fühlen würde. Das konnte der Neurologe nun wirklich nicht verstehen, und er versicherte mir sehr glaubhaft, dass er in meiner Situation wohl genau so reagiert hätte wie ich.

Ich erklärte ihm, dass sich in mir eine gewisse Panik breit gemacht hätte, dass ich vielleicht zukünftig, in einer ähnlichen Situation, eventuell viel schneller und früher zuschlage. Doktor Prankenstein hielt meine Befürchtungen zwar für äußerst fraglich, und mehr als unbegründet, verschrieb mir aber ein Medikament, welches meine inneren, sehr spontan auftretenden Aggressionen, im Zaum halten sollte.

Ein wenig beruhigt, sowie ein bißchen optimistischer, verließ ich die Praxis, und hatte doch auch noch keine Ahnung, dass mich diese Tabletten, zusammen mit der manipulativen Art der lieben Maike, schon bald in einen willfährigen Zombie verwandeln sollten, der keine eigene Meinung haben durfte, wenn es nicht die seiner Freundin war.

Kapitel 12

Wenn der Milchmann dreimal kleckert

Meine Gedankengänge wurden in den folgenden Wochen auf eine ziemlich harte Probe gestellt, denn das Medikament verhinderte irgendwie, dass ich mich wenigstens auf einen Gedanken konzentrieren konnte. Maike fand das fantastisch, weil sie nun in der Lage war, jeden aufkommenden Streit und jede Debatte mühelos zu gewinnen.

Was ich allerdings sehr wohl feststellen konnte, war die Tatsache, dass ihr letzter Ex-Mann untergetaucht war. Der liebenswerte Kerl hatte wohl einige laufende Verfahren wegen schweren Betrugs, sowie diversen anderen Kleinigkeiten, und befand sich seit kurzem auf der Flucht vor den Justizbehörden, die ihn freudig, mit einem Haftbefehl winkend, einkassieren wollten.

Zu diesem Zeitpunkt hatte sich zwar schon bewiesen, dass auch meine Freundin im gesamten Landkreis einen recht liederlichen Ruf besaß, jedoch hatte ich noch nicht die geringste Ahnung, dass auch sie den örtlichen Behörden nicht gänzlich unbekannt war.

Kleinere Betrügereien, zwielichtige Geschäfte, ein ganzer Haufen unbezahlter Rechnungen, sowie recht erfolgreich ignorierte Mietschulden; das waren alles Tatsachen, die ich erst viel später erfahren sollte, denn zu diesem Zeitpunkt hatte ich ganz andere Probleme.

Maike wollte auswandern, und zwar mit Sack und Pack, sowie Kind und Kegel. Aber nicht etwa in ein Land, dessen Sprache auch nur einer von uns annähernd beherrschte, denn das kann ja jeder. Meine gute Maike wollte nach Spanien, denn wenn man sich schon völlig ins Abseits schießt, dann sollte es doch da wenigstens warm sein.

Sie erklärte ihren Kindern, dass diese in Spanien sehr viel größere Chancen haben würden, denn immerhin sei ja Spanisch die absolute Weltsprache schlechthin, neben Englisch.

Ja, so in etwa hab ich auch geguckt.

Wenn diese Frau sich etwas in den Kopf gesetzt hatte, dann wurde das auch umgesetzt. Und nur wenige Tage später flog sie schon mal nach Spanien, um nach einer Wohnung und Arbeit zu schauen. Und nur zwei Tage später war sie wieder zurück, und nach ihren Aussagen hatte sie alles erreicht, was sie nur erreichen wollte.

Sie hatte ein Wohnhaus am Strand gefunden, und ihr Ex-Mann würde ihr einen Job als Busfahrerin am in der Nähe befindlichen Flughafen besorgen.

Wenn Sie sich jetzt am Wort „Busfahrerin" stören, so kann ich Ihnen glaubhaft versichern, dass diese Frau wirklich einen entsprechenden Führerschein besaß, wobei *mich* doch vielmehr das Wort „Ex-Mann" an der ganzen Geschichte irritierte, aber die Geschmäcker der Menschen sind ja verschieden.

In der Tat war ihr lieber Ex-Mann nach Spanien geflohen, und natürlich nur rein zufällig in die gleiche Gegend, in die meine Freundin ziehen wollte.

Als ich erfuhr, dass der Kerl ihr bei der Job-, als auch der Wohnungssuche unter die Arme greifen wollte, konnte ich mir bereits lebhaft vorstellen, womit er das tun würde. Daraufhin kam es natürlich wieder einmal zum Streit, der ihr Vorhaben unumstößlich erscheinen ließ: Sie wollte nach Spanien.

Wenn ich sie an dieser Stelle zum Abschied geküsst, und ihr brav hinterher gewunken hätte, dann würde es mir Heute wohl bedeutend besser gehen, allerdings wäre das Buch auch an dieser Stelle zu Ende. Und wer würde das schon wollen, wo wir doch alle gerade soviel Spaß miteinander haben?

Ich stand also mal wieder kurz vor einer maßgeblichen Veränderung in meinem Leben, und das, obwohl ein Jahreswechsel noch nicht mal annähernd in Sicht war. Denn die meisten Menschen nutzen doch viel eher die sich erhöhende Jahreszahl am erleuchteten Ende einer Silvesternacht, um in ihrem Leben auch gleich einen neuen, schillernden Abschnitt zu beginnen. Wer von Ihnen hat sich noch keine guten Vorsätze für ein neues Jahr vorgenommen? Haben Sie so etwas schon mal mitten in einem Jahr getan? Wohl eher nicht, oder?

Aber welche Bedeutung sollte so ein Jahreswechsel überhaupt für einen, doch relativ normal denkenden, Menschen haben? Ist er wirklich der Startpunkt für ein neues, aufregendes Jahr, voller lebensverändernder Ereignisse, oder ist er nicht mittlerweile nur noch ein weiterer offizieller Feiertag zur Rechtfertigung eines Massen-Besäufnisses, wie es schon vor langer Zeit mit dem Karneval geschehen ist?

Krampfhaft gutgelaunte Menschen, die schon kurz nach dem Vorglühen reif für die nächste Notaufnahme wären, stürzen sich auf das naheliegendste, freie Wodka-Glas, um ihre eventuell recht überschüssigen Gehirnzellen auf ein Mindestmaß herunter zu saufen. Und zum gelungenen Party-Abschluss brechen sie nicht nur irgendwann besinnungslos zusammen, sondern vorher sogar meist noch ihren gesamten Mageninhalt in die nächste Ecke, oder in Nachbar's Garten.

Ich wette, es gibt eine angenehmere Art, um sich eine durchzechte Nacht nochmal durch den Kopf gehen zu lassen, aber ich befürchte, ich gehöre mittlerweile wirklich zu einer Generation, die einfach schon zu alt für diese Scheiße ist.

Es fühlt sich für mich wirklich so an, als wäre ich ein Dinosaurier. Ein Überbleibsel einer bald vollständig ausgestorbenen Art. Diese Welt hat sich gänzlich ohne Meteoriteneinschlag so dermaßen verändert, dass ich mir wünschte, ich würde einfach schreiend in eine Teergrube laufen und bis über beide Augenbrauen darin versinken, bevor ich feststellen muss, dass Saurier keine Augenbrauen im eigentlichen Sinne hatten. Alte Werte und Traditionen sind doch schon längst durch Koma-Saufen und Querfeldein-Rammeln ersetzt worden.

Das Party-Volk und die so genannte Spaßgesellschaft ist die Zielgruppe der Gegenwart und Zukunft, und dementsprechend ist dort kein Platz für Menschen wie mich. Und dennoch existiere ich, wenn auch erst, aus medizinischer Sicht, nach der zweiten Tasse Kaffee.

Da stand ich also mit meiner zweiten Tasse Kaffee, sowie einer Menge guter Vorsätze, und weit und breit war kein Jahreswechsel in Sicht. Was mich allerdings keinesfalls daran hindern sollte, mich hemmungslos der Entscheidung von Maike anzuschließen, und nach Spanien auszuwandern.

Ich habe keine Ahnung mehr, wie das Medikament hieß, das ich von dem Neurologen bekommen hatte, aber es muss wirklich gut gewesen sein. Denn wenn man wirklich bereit ist, sein gesamtes Leben in nur wenigen Minuten hinter sich zu lassen, ohne eine Ahnung zu haben wie es überhaupt weitergehen soll, dann spreche ich diesen Tabletten eine wahrhaft stark beeinflussende Wirkung zu.

Maike trieb über eine Speditionsfirma einen LKW-Fahrer auf, der in wenigen Tagen eine Leerfahrt nach Spanien haben sollte. Dieser erklärte sich für wenig Geld dazu bereit den gesamten Hausrat mit auf seine Fahrt zu nehmen, wenn wir es schaffen in der kurzen Zeit alles auf dem Sattelschlepper zu verladen.

Es wurde zwar zu einem gewaltigen Kraftakt, aber es war uns vergönnt dieses kleine logistische Wunder in der gesetzten Zeit zu vollbringen. Der LKW verließ uns pünktlich, und Maike folgte ihm mit den Kindern etwa einen halben Tag später mit ihrem Auto. Ich sollte noch im Haus alles sauber machen, und nach drei Tagen hinterher fahren. Mein kleiner Kombi war auch schon fast vollständig beladen mit einer ganzen Menge an Kleinkram, und außerdem sollte ich noch unsere beiden Katzen mitbringen. Kleinigkeit.

Die beiden folgenden Tage verbrachte ich damit die Wohnung gründlich zu säubern, und auch, was mir natürlich wesentlich schwerer fiel, mich von meiner Familie zu verabschieden, ohne zu wissen, ob oder wann ich sie jemals wiedersehen würde.

Und in der Nacht des dritten Tages machte ich mich bei einem beginnenden Wolkenbruch auf den Weg.

Ach ja, hatte ich schon gesagt, dass Maike mir den Namen unseres zukünftigen Wohnortes nicht so ganz genau genannt hatte? Hinter Barcelona sollte ich sie anrufen, und sie würde mir dann entgegen kommen, um mir den Weg zu unserem neuen Heim zu zeigen.

Kapitel 13

Drei fuhren nach Süden

Jetzt wäre eigentlich der geeignete Moment erreicht, um Ihnen zu sagen, dass mein damaliges Auto nicht wirklich das zuverlässigste war. Der Wagen stotterte und ruckelte sehr oft in den ersten beiden Gängen, und bisweilen soff der Motor auch mal ganz gern ohne Vorwarnung ab. Und mit dieser Ausgeburt der Hölle, vollgepackt bis unters Dach, sowie zwei quengelnden Katzen in sicheren Transportboxen, machte ich mich mitten in der Nacht auf den langen Weg nach Spanien.

Wenn ich Ihnen jetzt sage, dass ich schon unzählige Male im benachbarten Ausland mit meinem Auto unterwegs war, verliert diese Aussage doch ziemlich schnell an Bedeutung, sobald ich hinzufüge, dass ich zu diesem Zeitpunkt keine zwanzig Kilometer von der luxemburgischen Grenze weg wohnte. Und jetzt war ich im Begriff über 1300 Kilometer hinter mich zu bringen, ohne genau zu wissen wo ich hin musste, und wie ich überhaupt dahin komme?

In den frühen Morgenstunden hatte ich Luxemburg hinter mir gelassen, und passierte die französische Grenze. Trotz der stürmischen und regnerischen Nacht sollte es ein wirklich sonniger Tag werden. Und diesen konnte ich auch verdammt gut in meiner Situation gebrauchen.

Zum ersten Mal in meinem Leben befuhr ich also an diesem Tag die französische Autobahn, und auch wenn ich von den Franzosen nicht wirklich viel halte, so muss ich doch neidlos anerkennen, dass die stinkigen Froschfresser ihre Autobahnen wirklich sehr gut im Griff haben. Auch die Rastplätze machten alle einen sehr gepflegten und sauberen Eindruck, so dass man sich bei einer Pause dort auch wirklich wohl fühlen konnte. Und nachdem ich etwa vier Stunden meines Lebens damit verbrachte, um mich zu wundern, wie die das nur schaffen, befand ich mich kurz vor der Beantwortung meiner Gedanken, als ich mich mit knapp 160 Sachen der ersten Mautstelle meines noch jungen Lebens näherte. Ich hatte zwar schon davon gehört, aber immer deren Existenz bezweifelt, so wie man das auch beim Yeti oder dem intelligenten Ossi macht.

Und da lag sie vor mir, ausgestreckt über plötzlich auftretende fünfzehn Fahrspuren, und ich war schon damit überfordert auch nur *eine* für mich zu finden.

Als typischer deutscher Autofahrer orientiert man sich ja auch nicht wirklich an Verkehrszeichen, weil man sie mit erfolgreichem Abschluss der Fahrprüfung nur noch geflissentlich wahrnimmt. *Da hängen zwar ein paar Schilder rum, aber wenn es was wichtiges wäre, würden sie blinken.*

So, oder so ähnlich, müssen die Gedanken in meinem Kopf gewesen sein, als ich mit einer recht zielstrebigen Unentschlossenheit ein Maut-Häuschen ansteuerte.

Meine Brieftasche war noch gut gefüllt, weswegen ich Kartenzahlung auch konsequent vermied, denn meine Bankkarte war bereits „off limit", und eine Kreditkarte wollte mir, schon aus finanziellen Gründen, kein seriöses Finanz-Unternehmen überlassen.

Ich stoppte also vertrauensselig an dem Kassen-Haus, und lächelte dem Franz-Mann ins Gesicht, während mein, in dieser Beziehung, sehr zuverlässiges Auto in seinen vertrauten Stotterbetrieb wechselte, der mir das nahende Absaufen des Motors ankündigte, wenn ich nicht so schnell wie möglich weiterfahren würde.

Der Kassenwart nannte mir die zu zahlende Gebühr, und ich begann meine ersten Zweifel zu hegen, ob ich es bei diesen Preisen jemals wieder aus Frankreich hinaus schaffen würde. Ich bezahlte also die Maut in bar, und setzte kurz darauf, mit einem stotternden Volvo unter dem Hintern, meine gemütliche Fahrt nach Süden fort, und ich erwähne die Automarke auch nur am Rande, weil ich darauf hoffe, dass sie mir bei der Marketing-Finanzierung mit einem erklecklichen Sümmchen unter die Arme greifen werden, wenn dieses meisterhafte Buch jemals die Lichter eines Bahnhofbuchhandels erblicken sollte, und zwar nur damit ich ihre Automarke aus diesem Kapitel wieder entferne.

Ich bretterte also weiter, mit meinem mehr als nur zeitweise zuverlässigen Fahrdienstverweigerer, über die unendlich erscheinenden Weiten der Autobahn, in Richtung einer französischen Stadt, deren Bewohner so heißen, wie eine saarländische Fleischwurst. Und nein, ich meine damit nicht Dijon.

Auf einem Rastplatz machten wir eine kurze Pause, wo ich mich erstmal ausgiebig um unser leibliches Wohl kümmerte. Ich leistete mir ein Puten-Sandwich und eine Cola, und wollte mir beides einverleiben, während ich meine Katzen mit ihrem Futter begeistern wollte.

Im Endeffekt teilten wir uns das Puten-Sandwich sehr gerecht, nämlich die Katzen bekamen den äußerst schmackhaften Belag, und ich das Brot.

Kurze Zeit später setzte ich, mehr oder weniger satt, unsere kleine Abenteuerfahrt wieder in Bewegung, denn ich hatte noch eine ziemliche Strecke vor mir, und ich wollte wirklich nicht noch in die Verlegenheit kommen, irgendwann den Kater ans Steuer lassen zu müssen, weil ich zu müde war.

Wir glitten also in den folgenden Stunden unbeirrt mit unserem Automobil über den makellosen Asphalt, mit kurzen Unterbrechungen zwecks gerecht aufgeteilter Nahrungsmittelaufnahme, die erschreckend selten zu meinen Gunsten ausfiel, sowie diversen, ausufernden Tankgelagen, die meinen fellnasigen Beifahrer immer zu äußerst lautstarken Wortmeldungen animierten. Und glauben Sie mir, Sie möchten keinen quengelnden Kater neben sich auf dem Beifahrersitz haben, der Töne von sich gibt, die man jetzt eher einem sehr melancholisch angehauchten Warzenschwein zugetraut hätte. Schon gar nicht, wenn Sie ihre Fahrt verlangsamen müssen, weil die nächste Maut-Station sich ankündigt.

Ich diskutierte gerade ziemlich fieberhaft mit meinem mitteilungsbedürftigen kleinen Kater, während wir zielgerichtet auf eines der rund 38 Maut-Häuschen zusteuerten. Und wieder mal achtete ich nicht auf die Beschilderung, sondern suchte mir die nächste freie Stelle, damit ich schnell bezahlen und weiterfahren konnte, solange mein Volvo noch eine gewisse Art von Interesse daran zeigte, dem beständigen Prinzip eines Verbrennungsmotors weiterhin artig Folge zu leisten.

Das erste was mir auffiel, als ich dem französischen Zoowärter freundlich ins Gesicht lächelte, war, dass da gar kein Gesicht hinter dem Bezahlschalter saß, und es auch eigentlich gar keinen Bezahlschalter gab. Nur ein kleiner Automat, dessen Aufschrift mich auf perfektem Französisch darauf hinwies, dass ich hier nur mit einer Kreditkarte bezahlen konnte, stand in abgemessener Höhe neben meinem sehr hastig heruntergekurbelten Autofenster. Pünktlich mit dem Anziehen der Handbremse verfiel mein Fahrzeug in vertrautes stottern, während Katerchen begann melancholisch den imaginären Mond anzuheulen, während ich mich völlig panisch nach Hilfe, oder aber überhaupt einer menschlichen Person, wenn auch nur in Form eines Franzosen, umschaute.

Hinter mir hielten die ersten Autos, als ich mich dazu bereiterklärte, mein sicheres Fahrzeug zu verlassen, um mich auf die Suche nach Leben in den anderen 37 Maut-Häuschen zu machen. Die Insassen in den hinter mir wartenden Fahrzeugen bekamen Hitzewallung, als sie zusehen mussten, wie ich mein Auto verließ, um die komplette Maut-Stelle abzulaufen, um jemanden zu finden, bei dem ich bezahlen konnte.

Nach dem vierten Anlauf fand ich auch wirklich eine sehr reizende Französin, der ich mein Dilemma recht schnell begreiflich machen konnte, ohne auch nur ein Wort Französisch zu verwenden. Sie kam mit zu meinem, nur noch sporadisch Lebenszeichen von sich gebenden Auto, kassierte die Gebühr in bar von mir, und ich winkte den drei Dutzend wartenden Franzosen hinter mir freundlich zu, bevor ich in meinen Volvo stieg, und mich eiligst davon machte. Zumindest so eilig, wie mein Auto es in diesem Moment zuließ.

Nach wenigen Metern befanden wir uns wieder auf der Autobahn und düsten freudig pfeifend an Montpellier vorbei, weiter in Richtung Perpignan, während ich mir inbrünstig erhoffte, dass die Taubheit, die von meinem Gesäß Besitz ergriffen hatte, sich doch ebenfalls auf meine Ohren ausbreiten möge, damit ich das ständige, miesepetrige Genöhle meines Katers nicht mehr mit anhören musste.

Nach einer durchaus sehr überschaubaren Anzahl vorbeifliegender Stunden erreichte ich dann auch die letzte Maut-Station in

Frankreich, bei der ich diesmal peinlichst genau auf die Beschilderung achtete, um mich überaus brav in die richtige Warteschlange zum Bezahlen der anfälligen Maut-Gebühren einzuordnen, natürlich musikalisch sehr sanft begleitet von den beglückenden Stottergeräuschen meines, immer noch Lebenszeichen von sich gebenden, Gefährts.

Ich passierte hocherfreut diese Station ohne besondere Vorkommnisse, und nur wenige Kilometer danach überquerte ich dann endlich die Grenze nach Spanien.

In La Jonquera sagte ich der Autobahn zum Abschied meinen Dank, und wechselte auf eine Bundesstraße, was mich für die nächsten Kilometer billiger kommen sollte. Und auch mein Ziel war schon in greifbare Nähe gekommen, wenn ich doch nur etwas genauer gewusst hätte, wie mein Ziel überhaupt heißt.

Für's erste hieß es einfach nur Barcelona, und ich näherte mich der Millionenstadt mit fast unglaublicher Landstraßengeschwindigkeit, bis mir dieses Gezuckel tierisch auf den Sack ging, und ich wieder zurück auf die Autobahn fuhr. Meine persönliche Vorgabe war es, einfach nur an Barcelona vorbei zu fahren, und dann auf einem Parkplatz Maike anzurufen, damit sie mich dann abholen und zu unserem neuen Zuhause leiten konnte. Meiner Vorgabe blieb ich treu, bis aus einer normalen Autobahn plötzlich acht Spuren erwuchsen, und ich mich spontan für eine davon entscheiden musste. Ich wählte mal wieder die falsche, und schon steuerte ich schnurstracks in die Millionenmetropole hinein, was eigentlich das letzte war, was ich wollte.

Runtergebremst auf Ortsgeschwindigkeit meldete sich auch sofort wieder mein zuverlässiger Stottermotor, der an jeder Ampel versucht war abzusaufen.

Die Straßenführung erlaubte es mir leider nicht mal eben so auf die schnelle zu wenden, und wieder zurück auf die Autobahn zu fahren. Erschwerend hinzu kamen noch die ganzen Hinweisschilder, die zu meiner großen Verwunderung alle auf Spanisch geschrieben waren. Wer soll denn sowas lesen können?

Ich näherte mich immer weiter dem Herzen von Barcelona, obwohl es mir mehr so vorkam, als würde ich eher einem anderen Körperteil auf die Pelle rücken, zumindest fühlte ich mich dem Gedanken sehr verbunden, dass ich am Arsch war.

Endlich erreichte ich einen Kreisverkehr, und drehte auch gleich eine fast volle Runde, wodurch ich mich in der glücklichen Lage befand, mit guter Hoffnung wieder die gleiche Strecke zurück zu fahren, um die ersehnte Autobahn wieder benutzen zu können.

Es kam mir vor wie eine Ewigkeit, bis ich endlich die ersehnte Auffahrt erreichte, und total verschwitzt die Mehrspurigkeit der Autobahn willkommen hieß. Doch leider hielt mein Volvo diesen Zeitpunkt für bestens geeignet, seinen Dienst allmählich auch in den höheren Gängen zu verweigern. Der Wagen ruckelte und zuckelte, und zeigte sich relativ unbeeindruckt, dass ich das Gaspedal bis zum Bodenblech durch trat. Die Geschwindigkeit wurde immer geringer, und ich fuhr die nächste Ausfahrt raus, denn ich wollte nicht mit meiner Kiste zwischen LKW-Kolonnen verrecken.

Also wieder runter von der Autobahn, aber diesmal führte mich mein Weg nicht nach Barcelona rein, was ich in dem Moment auch wirklich mehr als Glück verbuchte. Ich folgte der Straße noch ein kleines Stück, bis mein

Auto meinte, dass das jetzt weit genug gewesen wäre, und einfach ausging. Ich konnte mein Vehikel gerade noch an die Seite lenken, bevor es aus dem letzten Loch pfeifend zum Stehen kam.

Verschwitzt und leicht zitternd stieg ich erstmal aus meinem vorläufigen Wrack aus, und sah mich ein wenig um. Ich stand in einer Art Industriegebiet, das aber auch schon bessere Tage gesehen hatte. Die Gegend war total verlassen, und es war wirklich nichts auszumachen, was man als Leben hätte definieren können. Es war mit anderen Worten nicht die beste Gegend, um hilflos aussehend rumzustehen, schon gar nicht mit einem Volvo, dessen Motor sich nicht mehr starten ließ.

Also schnappte ich mir mein Handy und rief Maike an, um ihr von meinem Dilemma zu erzählen. Ich hatte nicht die geringste Ahnung wo ich mich befand, und gab ihr meine Position durch, so gut ich konnte. Es war für sie aber relativ schnell klar, dass die Suche nach mir zu einem absoluten Blindflug werden würde.

Während die Stunden langsam verstrichen, wurde es allmählich etwas diffuser am Himmel, denn entgegen meinen Erwartungen wurde es auch in Spanien abends dunkel. Und gerade als ich mich mit dem Gedanken anfreunden wollte, hier neben der Autobahn in einem Industriegebiet zu nächtigen, kam das Auto von Maike um die Ecke gebogen.

Ich kann Ihnen versichern, dass ich weder davor, noch jemals wieder danach, so froh gewesen bin diese Frau zu sehen.

Nach der Begrüßung setzte ich mich wieder in meinen läppischen Finnen, und versuchte ihn sanftmütig zu starten, was mir dann schließlich auch nach nur drei Versuchen gelang. Ich folgte Maike mit meinem Auto, und wir fuhren noch über eine Stunde, bevor wir an unserem Ziel ankamen. Unserem neuen Zuhause.

Kapitel 14

Viva Zappenduster

Ich möchte das Kapitel Spanien jetzt nicht unendlich in die Länge ziehen, was mir allerdings nicht leicht fällt, bei den etwa sechs Monaten, die ich dort lebte. Das Positive gleich vorweg: Spanien ist wirklich ein unglaublich schönes Land, und die Bevölkerung an Freundlichkeit nicht zu überbieten. Die Menschen sind nett und entspannt, und auch überaus hilfsbereit.

Wir hatten ein hübsches kleines Häuschen in direkter Strandnähe, und konnten die sandige Oase zu Fuß in nur dreißig Sekunden erreichen.

Um das Negative doch relativ übersichtlich zu halten, versuche ich mich so kurz wie möglich zu fassen.

Da ihr Ex-Mann Maike noch Geld schuldete, hatte er sich bereit erklärt die Mietkaution unseres Häuschens zu übernehmen, was sich immerhin auf 1500 € belief. Natürlich übernahm er sie nicht.

Die Arbeitsstelle, die er ihr in Aussicht gestellt hatte, erwies sich leider auch als glatter Reinfall, weil das Busunternehmen lustigerweise eine Fahrerin haben wollte, die der spanischen Sprache mächtig war, und man konnte von Maike wirklich sehr viel behaupten, aber ein Sprachgenie war sie nun wirklich nicht.

Es kam, wie es kommen musste. In den nächsten paar Monaten waren wir meistens nur damit beschäftigt uns zu streiten, wobei sie dann immerhin nur noch ein Mal handgreiflich wurde. Was allerdings für mich so eine Art Startsignal gewesen sein sollte, denn es reichte mir mittlerweile wirklich mit ihr.

Ich lieh mir etwas Geld zusammen, packte meinen wider Erwarten immer noch teils fahrtüchtigen Volvo bis unters Dach voll, und machte mich dann in den frühen Stunden eines Januarmorgens auf den Weg zurück in die Heimat.

Ich war fest entschlossen diesen Abschnitt meines Lebens hinter mir, und diese tollwütige Schabracke in Spanien zurück zu lassen. Also startete ich an diesem sehr sonnigen Tag äußerst gut gelaunt, und freute mich schon unglaublich darauf meine Familie wieder zu sehen.

Die Tücken der Maut-Stationen konnten mich jetzt nicht mehr schrecken, ich meisterte die Rückfahrt im wahrsten Sinne des Wortes bravourös. Ich glaube, in Frankreich begann dann auch irgendwann das Wetter zu wechseln, je weiter ich mich in den Norden begab. Es wurde innerhalb eines halben Tages vom südlichen Sommer in den nordischen Winter eines Januars gewechselt, was mich auf einem Rastplatz in einen kleidermäßigen Engpass trieb.

Aus dem Kofferraum fischte ich mir blind ein paar wärmere Sachen zum Drüberziehen, trank in der Raststätte noch einen heißen Kaffee, und fuhr kurz darauf weiter dem Winter entgegen.

Noch bevor ich Frankreich verlassen konnte, hatte mich das typisch deutsche Winterwetter schon wieder erfasst, und es begann wie aus Eimern zu schütten. Die Dunkelheit legte sich über das Land, als ich mit meinem treuen Volvo unaufhaltsam auf meine Heimat zusteuerte.

Leider nahm ich in der Dunkelheit, leicht übermüdet, im luxemburgischen Ländchen eine Autobahnabfahrt zu früh, und ich gurkte über Landstraßen meinem heimatlichen Hafen entgegen.

Nach einer Fahrzeit von ziemlich exakt 15 Stunden erreichte ich erschöpft aber glücklich das Haus meiner Eltern.

Dort verbrachte ich die kommenden Wochen, total unschlüssig darüber wie es mit mir weitergehen sollte. Doch ein paar Tage nach meiner Ankunft meldete sich Maike wieder bei mir, und verkündete völlig aufgelöst und verzweifelt, dass es ein Fehler gewesen sei mich gehen zu lassen, und dass sie mich vermissen würde, und auch den Kindern würde ich sehr fehlen.

Ich habe die Kinder von Maike bisher sehr bewusst aus meiner Geschichte herausgehalten, weil sie wirklich überhaupt nichts mit meiner seelischen Talfahrt in die tiefste Depression meines damaligen Lebens zu tun hatten. Im Gegenteil, die Kinder waren der eigentliche Grund, warum ich immer wieder zu Maike zurück gegangen bin, denn mein Verhältnis zu ihnen war überaus positiv. Mehr möchte ich auch hier nicht über sie erzählen, denn sie haben mir die Zeit mit Maike etwas erträglicher gemacht, und sie waren auch der Beweggrund mich nicht von ihr zu trennen; zumindest nie besonders lange.

In den vorangegangenen Kapiteln dieses Buches habe ich Ihnen schon eine ganze Menge erzählt, was Sie mit allergrößter Wahrscheinlichkeit doch mittlerweile an meinem Verstand zweifeln lässt, da ich immer wieder zu Maike zurückgegangen bin. Zu meiner Verteidigung kann ich Ihnen nur entgegnen, dass vieles von dem, was ich bereits geschrieben habe, sich zum damaligen Zeitpunkt völlig meinem Wissen entzog. Ich wusste nichts von Betrügereien, Schulden, oder ihrem Vögeln für den Weltfrieden. Die meisten Sachen habe ich wirklich und wahrhaftig erst nach unserer endgültigen Trennung erfahren.

Außerdem hatte die gute Frau ziemlich schnell raus, dass ich für die Kinder alles getan habe, und so fiel es ihr auch bei einer Trennung nicht schwer, über die Kinder wieder Zugang zu mir zu bekommen.

Wenn wir uns getrennt hatten, konnte ich mir relativ sicher sein, dass mich nach sehr kurzer Zeit eine SMS von ihr erreichen würde, in der stand, dass irgendwas mit einem ihrer Kinder sei. Krankheit, Verletzung, ein Problem in der Schule, und schon war ich wieder da, um ihnen beizustehen.

Die Kinder mochten mich, weil ich ihnen ein Gefühl der Zuverlässigkeit gab, das sie so nicht kannten. Wenn ich ihnen etwas versprach, oder etwas mit ihnen ausmachte, dann hielt ich mich daran. Von der Schule abholen? Ich war da. Vom Bahnhof einsammeln, wenn der Bus Verspätung hatte? Ich konnte es beruflich einrichten, also tat ich es gerne. Mit ihnen gemeinsam Kochen, oder auch mal was Backen? Auch das machte ich oft mit ihnen, und wir hatten immer sehr viel Spaß dabei.

Es war wohl der irre Gedanke eine eigene Familie zu haben, der mich auf dem einen oder anderen Auge blind machte. Auch wenn Maike ihr Bestes gab, um diese Gedanken immer wieder zu torpedieren, ließ ich mir die Hoffnung auf eine Familie nicht so einfach von ihr zerstören.

Meine Rückkehr nach Deutschland lag also gerade mal eine Woche zurück, als Maike mir mitteilte, dass sie und die Kinder auch wieder zurück in die alte Heimat wollten. Nicht etwa, dass es Maike damals irgendwie interessiert hätte, dass ihre Kinder erst gar nicht aus der geliebten Heimat weg wollten, um von einer Durchgeknallten nach Spanien geschleppt zu werden.

Aber egal, ihr Entschluss stand fest, mal wieder, und es galt die nötigen Vorbereitungen zu treffen und alles entsprechend zu planen. Und was fehlt gemeinhin, wenn man weder über einen Goldesel, noch über einen Dukatenscheißer in der Hinterhofgarage verfügt?

Richtig, der heiß ersehnte Lotterie-Gewinn.

Allerdings ließ der erwartete Geld-Segen unglaublich lange auf sich warten, weswegen ich es dann doch mal wieder auf die altmodische Art und Weise versuchte.

Ich suchte mir einen Job, der sich erstaunlicherweise auch recht schnell fand, und ging einer geregelten Arbeit nach, während ich zeitgleich schon mal nach einer geeigneten Bleibe für die ganze Familie suchte, wenn diese wieder ihre Zelte in Spanien ein für alle Mal abbrechen sollte.

Ich telefonierte in den kommenden Wochen sehr oft mit Maike, wobei auch immer öfter mal das dumme, kleine Wort „heiraten" fiel. Wahrscheinlich wollte sie nur eine Art Sicherheit haben, dass ich auch wirklich alles tun würde, um sie und die Kinder wieder aus dem Ausland zurück zu holen.

Kapitel 15

Hochzeitsglocken Massaker

Während ich die Seiten füllenden Kapitel dieses Buches schreibe, durchlaufe ich innerlich die bis dato schlimmste Zeit meines Lebens im Schnelldurchlauf, und die Tage vergehen wie Wochen, während die ganzen unliebsamen Erinnerungen auf mich herein prasseln, wie ein Hagelschauer auf die Kornfelder eines Bauern in der Ukraine. Im Handumdrehen ist beim Schreiben schon wieder eine ganze Woche mit relativ unnützen Tagen vergangen, und jetzt gilt es allmählich meinen Hintern von der Couch hoch   zu bekommen, um   die Wohnungstür zu öffnen, damit ich das bereits gierig davor herumlungernde Wochenende hereinlassen kann. Wenn es allerdings genau so fies aussehen sollte wie das letzte, werde ich es gnadenlos zu meinem Nachbarn rüberschicken.

Kinder, die Zeit rast eben wenn man Spaß hat, und momentan komme ich mir so vor, wie in einem Kettenkarussell bei Stromausfall. Es fühlt sich für mich zur Zeit an, als würden die Tage nur so dahin schleichen und niemals enden, aber wenn ich in meinen Kalender schaue, dann erkenne ich, dass das Jahr schon wieder enorme Fortschritte gemacht hat, was man von mir allerdings nicht unbedingt behaupten kann, worauf ich mich wieder frage, wo die Zeit geblieben ist. Klingt das verrückt?

Wir werden zumindest alle nicht jünger mit der Zeit, und ich stelle mir langsam die Frage, wie oft ich noch unbedarft meine Wohnungstür öffnen kann, um das Wochenende herein zu bitten, bis dann wohl endlich auch irgendwann Gevatter Tod davor stehen wird. Falls das Wochenende besser aussehen sollte, werde ich den Sensenmann vorläufig erstmal rüber zu meinem lieben Nachbarn schicken, aber natürlich erst nachdem er den Rasen links hinterm Haus gemäht hat.

Nach der unangefochtenen Nummer Eins aller Fragen, die den Sinn des Lebens betrifft, dürfte *das* wohl die unbestrittene Nummer Zwei sein, nämlich die Frage nach der Zeit, die einem noch auf Erden bleibt.

Ganz knapp vor der Nummer Drei, was es heute wohl zu essen gibt.

Wie ich schon in meinem ersten Buch, was ich nach meinem nächsten Buch sofort beginnen werde, bereits erwähnte: Es gibt keinen blöderen Zeitpunkt um in die Jahre zu kommen, als das Alter.

Ich werde mir immer wieder meiner Sterblichkeit bewusst, weil es sich immer stärker bemerkbar macht, dass mein Körper heute lange nicht mehr die Leistung bringt, die ich früher schon niemals von ihm verlangt hätte.

Nein, ganz ehrlich, ich fühle mich total wohl in meiner Haut, und ich möchte auch bestimmt nicht mehr 20 sein. Dafür schätze ich viel zu sehr die Erfahrungen, die ich in meinem Leben sammeln durfte. Auch wenn die meisten davon nicht immer fantastisch waren, sondern zum Großteil ziemlich mies, so habe ich sie doch fürsorglich aufgesammelt und mitgenommen.

Darum wäre ich in meinem jetzigen Alter auch sehr dankbar und verbunden, wenn die noch kommenden schlechten Erfahrungen vielleicht mal rüber gehen, und bei meinem Nachbarn an der Tür klingeln. Unsere Namensschilder an der Wohnungstür habe ich auch vorsorglich schon mal ausgetauscht. Ich bin immerhin depressiv, und er wird das mit Sicherheit verstehen.

Was könnte diese Welt doch für ein wunderbarer Ort sein, wenn doch jeder nur ein ganz klein wenig darauf achten würde, was er sagt? Man sollte seinem jeweiligen Gegenüber doch immer etwas Verständnis und Respekt entgegenbringen, auch wenn er sich als der letzte der Vollpfosten entpuppen sollte. Gerade dann sollte man sich in Rücksichtnahme üben, denn dieser Mensch hat es schon schwer genug, auch ohne, dass man noch in diese Kerbe schlägt.

Wenn mich, nur mal so als Beispiel, eine gute Freundin einlädt, weil sie etwas für mich kochen möchte, und ich sage zu ihr nach einer überstandenen Mahlzeit: "Das war sehr gut; für eine Frau", dann *könnte* das unter Umständen von ihr falsch verstanden werden, und eine so unbedeutende Äußerung führt zu einer unendlichen Diskussion, wenn nicht sogar zu einem handfesten Streitgespräch.

Im Endeffekt ergibt sich jedoch für einen sensiblen Menschen, wie ich eben einer bin, doch lediglich die zwangsläufige Feststellung, dass man Frauen besser keine Komplimente macht.

Nein, das Leben ist schon kompliziert genug, da muss man nicht auch noch Streit suchen. Denn der kommt meist von ganz alleine, und findet einen auch zu jeder Zeit. Man kann jedoch alles auf seine eigene derzeitige Verfassung schieben, und sagen, dass man sich gerade in so einer schlimmen Phase seines Lebens befindet, dass man geradewegs dazu genötigt war, den anderen als Arschloch zu bezeichnen. Dieser Volldepp hat es aber auch enorm provoziert, mit seinem dämlichen Gesichtsausdruck.

Jeden Tag können Sie auf einen Menschen treffen, von dem Sie vielleicht denken mögen "Der ist seiner Hebamme aber mehr als nur ein Mal aus den Händen gerutscht", aber dafür kann doch der arme Kerl (egal ob Mann oder Frau) im ersten Moment gar nichts? Vielleicht denkt der gerade das gleiche über Sie?

Im friedlichen Miteinander kann der Mensch noch einiges lernen, aber ich habe da so meine Zweifel, ob er das überhaupt noch will, womit ich Sie an dieser Stelle auch endlich mal herzlich willkommen heiße, inmitten der damaligen Vorbereitungen für meine Hochzeit.

Ich hatte die Geburtsurkunden von Maike und mir in meiner Hand, als ich auf dem örtlichen Standesamt um einen Termin vorsprach, und die anfangs wirklich sehr freundlich lächelnde Standesbeamtin verfinsterte im Bruchteil einer Millisekunde ihr Antlitz, als sie den Namen der Frau erblickte, die ich im Begriff war ehelichen zu wollen.

Als ich das am Nachmittag meiner Zukünftigen dann berichtete, musste ich am nächsten Tag im nächst größeren Städtchen einen Termin auf dem dortigen Standesamt ausmachen, weil man Maike dort wahrscheinlich noch nicht so gut kannte. Der Termin stand dann auch relativ schnell fest, und der Plan sah folgendermaßen aus: Maike sollte morgens mit dem Flugzeug in Deutschland landen, ein Freund sollte sie abholen und zum Standesamt bringen, wo wir dann auch heiraten sollten, um dann gleich im Anschluss gemeinsam zurück nach Spanien zu fliegen, wo ich eine Woche lang beim Packen helfen sollte, da ich in den vergangenen Wochen auf der langen Suche nach einem

Häuschen im deutschen Land für uns einen ziemlich vorzeigbaren Erfolg verbuchen konnte.

Warum sollte ich Sie jetzt noch weiter hängen lassen, mit Ihren ganzen von mir vorgefertigten Erwartungen, wie ein Glockenspiel im Wind auf einer Veranda in Simbabwe an der Autobahn? Es verlief alles nach Plan, zumindest mehr oder weniger.

Wir heirateten an einem sonnigen Frühlingstag auf dem Standesamt in dem kleinen, beschaulichen Städtchen Schlappmurks (ich hab schon so lange keine Namen mehr abändern dürfen), im trauten Kreis der Trauzeugen, bevor wir anschließend mit ihnen beim Chinesen Um Lei-Tung mit einem wirklich deftigen Fleischgelage ausgiebig feierten. Danach ging es im Eiltempo zum Flughafen, und da ich während des kulinarischen Essens genügend Alkohol zum Verdauen nachgekippt hatte, sah ich dem vor mir liegenden Höllenritt recht entspannt und ziemlich betrunken entgegen. Aber Sie können sich nicht vorstellen, wie schnell Sie wieder nüchtern sind, sobald die Maschine zum Abheben beschleunigt, mal ganz abgesehen vom plötzlich auftretenden Fluchtinstinkt des noch nicht zur Gänze verdauten Goldhamster süß-sauer.

Bei etwa zwanzigtausend Meilen über dem metrischen System begann der nervige Nager einen verzweifelten Versuch meiner Magensäure zu entkommen, und zwar zur gleichen Zeit als ich meinen Hindernislauf auf die Flugzeugtoilette startete. Zum großen Glück für alle Beteiligten erreichte ich mein Ziel jedoch zuerst.

Kurz nachdem ich das nagende Staubsaugerfutter auf seine wirklich allerletzte Reise geschickt hatte, war es auch schon wieder an der Zeit, mich auf die Landung vorzubereiten.

Ich nahm meinen Sitzplatz ein, und schnürte sofort den Sicherheitsgurt über meinen, erst kürzlich unter lauten „Jörg"-Rufen, geleerten Magen.

Nach einem fast himmelsgleichen Sturzflug knallten wir sanft auf die Landebahn des Flughafens von Barcelona. Zum Glück benötigten wir nicht so lange für das Verlassen der Maschine, wie der Goldhamster für meinen Magen, und schon bald saßen wir in Maike's Auto mit Kurs auf ihr Häuschen.

Auf der etwa einstündigen Fahrt grummelte mir mein Magen eine mitleidige Hungerbotschaft in meine doch etwas geplagte Speiseröhre, und ich kann Ihnen sagen, wenn Sie nach einem verlorenen Verdauungskampf mit einem echt goldigen Nager wieder Hungergefühle entwickeln sollten, dann kommt Ihnen der Drive-In eines Burger Kings wie das Paradies auf Erden vor.

Und wie könnte man auch besser die Eheschließung feiern, als mit einem Whopper, einer mittleren Portion Pommes und einer eiskalten Cola-Light?

Maike steuerte den Autoschalter an und reihte sich in die wartende Schlange ein. Die nächsten fünf Minuten passierte erstmal nichts. Dann durften wir wieder drei Meter vorwärts fahren, um diesmal etwa zehn Minuten zu warten. Als der Moment erreicht war, an dem es uns echt zu blöd wurde zu warten, bemerkten wir, dass hinter uns bereits ein wahrer Stau ausgebrochen war, und ein Wenden für uns unmöglich.

Es dauerte nur ungefähr eine dreiviertel Stunde, bis wir unsere große Bestellung sehr hungrig in den Lautsprecher spanischen konnten. Wir hätten unsere Bestellung wirklich sehr langsam durchgeben können, denn wir standen noch etwa weitere zwanzig Minuten neben dem Lautsprecher, bevor wir wieder zwei Meter weiterfahren durften.

Wir vermuteten wirklich, dass in dem Schnell-Imbiss die Hölle ausgebrochen sein musste, zumindest aber, dass dort ein Wahnsinns-Andrang herrschte.

Wir verbrachten während unseres ersten Ehe-Streits über zwei Stunden eingekesselt in der Warteschlange des Autoschalters. Und als wir dann aber endlich das ersehnte Ausgabefenster erreichten, konnten wir einen Blick in das Innere des Restaurants werfen, und dort befand sich keine hungrige Horde vor dem Thresen, und auch keine Hölle auf Erden, geschweige denn ein Wahnsinns-Ansturm. Das Lokal war völlig leer. Es war wirklich nicht ein einziger Gast im gesamten Bereich auszumachen, dieser Burger King war leerer als mein Magen.

Wir bekamen unser Essen, zahlten, und fuhren sofort weiter, während wir uns noch sehr lange wunderten, warum das so lange gedauert hatte. Eine Antwort darauf erhielten wir nie.

Falls Sie jedoch ebenfalls eine ähnliche Erfahrung mit dieser Burger King Filiale gemacht haben sollten, dann dürfen Sie mir das natürlich gerne schreiben. Der Standort dieses Fleischverwursters liegt ungefähr fünf Spülvorgänge von Villarriba entfernt.

Die nächsten paar Tage verbrachten wir überwiegend mit dem Packen von Umzugs-Kisten, denn auch wenn ich eine bezahlte Arbeit hatte, so waren unsere finanziellen Mittel doch arg eingeschränkt.

Die weitere Planung sah also wie folgt aus, nachdem ich wieder mit einem Billigflieger auf deutschen Boden aufgeknallt sein würde:

Ich sollte einen ziemlich großen Anhänger mieten, der sich noch gerade so von einem PKW ziehen lassen würde. Dann würde es in einer Wochenend-Aktion damit nach Spanien gehen, wir könnten alles beladen, um uns dann an einem Sonntag in aller Frühe auf den Weg zurück zu machen, direkt zu unserem gemieteten, kleinen Häuschen, in einem unglaublich mickrigen Kuhkaff, wo wir die Absicht hatten in Ruhe zu leben.

Im Großen und Ganzen verlief die geplante Aktion auch wirklich ungefähr so ab, wenn man mal von der Tatsache absieht, dass wir auf der Fahrt in Richtung Spanien auf einem Rastplatz in Süd-Frankreich nachts überfallen und ausgeraubt worden sind.

Aber wir haben es irgendwie geschafft, und wir kamen auch bald in Spanien an. Es war uns schon vorher klar, dass wir uns von sehr vielen Sachen trennen mussten, denn auf einen Hänger passt verständlicherweise eben nicht so viel, wie auf einen 40-Tonner.

Wir beluden also das angehängte Mitbringsel, packten kleinere Sachen ins Auto, und ganz früh morgens an einem Sonntag war die Familie auf dem Weg zurück in die eigentliche Heimat, wo wir dann auch irgendwann am Nachmittag des folgenden Montags ankommen sollten.

Kapitel 16

El dia de la depressionisto

Vor einigen Seiten hatte ich etwas über gute Vorsätze geschrieben, welche man immer wieder versucht ist zu fassen, sobald sich ein Jahreswechsel ankündigt. Aber wer von diesen Menschen mit Vorsatz zieht denn auch wirklich mal nach einigen Monaten, die der Zeit zum willigen Opfer gefallen sind, eine Bilanz, um ehrlich zu gestehen, dass von seinen ausgesprochenen, gelobten Besserungen nichts mehr vorhanden ist, noch nicht mal mehr Schall und Rauch?

Also, sehr beliebt ist ja immer das Vorhaben, sich das Rauchen abzugewöhnen. Ich hab das vor Jahren schon mal probiert, und ich kann Ihnen nur sagen, dass es für mich ein langweiliger Nachmittag war. Außerdem wäre noch die durchaus berechtigte Frage zu klären: Was macht man nach dem Sex? Etwa miteinander reden?

Ich bitte Sie, miteinander reden ist wohl die häufigste Ursache, weswegen Ehen überhaupt erst in die Brüche gehen und mehrwöchig andauernde One-Night-Stands zum Scheitern verurteilt sind. Wenn man erstmal den Nachnamen des Partners erfährt, ist der Untergang doch schon vorprogrammiert. Man betrachtet sein Gegenüber mit völlig anderen Augen als vorher, und man stellt sich die unausweichliche Frage, ob man wirklich letzte Nacht auf der Party so besoffen gewesen ist, dass Ekel und Abscheu keine wirksamen Gegenargumente mehr gewesen sind.

Wenn ich schon langsam und vor mich hin vegetierend krepieren soll, dann doch aber lieber rauchend, als in einer Beziehung; denn ich finde, man muss Prioritäten setzen.

Ein sehr schöner Spruch ist auch immer, dass es für *jeden* Menschen den einen richtigen Partner gibt. In den Millionen Jahren der Menschheitsgeschichte soll also jeder den oder die *EINE/N* gefunden haben?

Es muss sich doch nur ein einziger Mensch in der Vergangenheit geirrt haben, und hat sich für den falschen Partner entschieden, und schon geht doch die ganze Rechnung nicht mehr auf?

Hätte es religionsbedingt nicht ein wenig einfacher sein können, indem sich die fehlende Rippe auf den Weg zum passenden Brustkorb macht? Und hätte es nicht eine Art internes Ortungssystem geben können, indem beide unvollständigen Körperteile so lange walartiges Geheul ausstoßen, bis sie sich gefunden haben?

Selbst Gott fiel dieses gewaltige Manko irgendwann mal auf, und in der Hoffnung, dass niemand sonst jemals dieses unglaubliche Partnerggeddon bemerken würde, erschuf er die Depression, und schickte sie einigen der vielen suchenden Menschen, mit dem gut gemeinten Ratschlag: Du bleibst jetzt erstmal Zuhause und denkst über alles und nichts nach, und vom heutigen Tage an sollen Angst und Panik deine ständigen Begleiter sein.

Diese perfide Art der Vertuschung von göttlicher Unzulänglichkeit scheint gerade in der heutigen Zeit jedenfalls bestens zu funktionieren, zumindest besser als die in der

Vergangenheit, wie Hexenverbrennungen und Kreuzzüge.

Was bin ich froh, dass wir der Kirche nicht noch mehr lustige Feiertage im Stil von Weihnachten oder Ostern verdanken, wie zum Beispiel die "Woche des ersten Kreuzzugs", oder den "Tag der Hexenverbrennung", der ja wirklich noch das Potential hätte, eine spaßige Veranstaltung für die ganze Familie zu werden, wobei man sich in einigen Breitengraden wohl auch auf diese Art und Weise eine lästige Scheidung ersparen könnte.

Nein, ich finde die Kirche wirklich wunderbar, und ich danke ihr für viele schöne Lacher in meinem Leben.

Beim Schreiben dieses Buchs erleide ich immer wieder mal ziemliche Rückschläge, weil ich mal wieder an meine Ex-Frau, und das was sie mir alles angetan hat, erinnert werde. Es kostet mich dann jedesmal eine unglaubliche Kraft und Überwindung um weiter zu schreiben, und ich wünschte mir, dass wir ein paar hundert Jahre früher gelebt hätten, so dass ich einfach nur "Hexe" hätte rufen müssen, und die Sache wäre danach für mich erledigt gewesen.

Zugegeben, das wäre ein ziemlich mieses Verhalten von mir, aber bevor Sie jetzt die Tugendhaftigkeit meiner Worte anzweifeln sollten, möchte ich Ihnen mit auf den Weg geben, dass man damals nicht nur mit dem Anzünden von Hexen einen Marktplatz etwas gemütlicher zu gestalten versuchte, sondern auch mit Ketzern einen öffentlichen Platz sehr gut beheizen konnte. Also hüten Sie bitte ihre Zunge.

Mit der sinnigen Einleitung dieses Kapitels könnte es für meine Begriffe zumindest recht einleuchtend für jedermann erklärt sein, warum ich nicht an die eine richtige Frau für mich geraten bin, sondern an die wandelnde Beulenpest des 21. Jahrhunderts.

Irgendjemand hat sich da wohl in den vergangenen Jahren meiner Existenz die für mich vorgesehene Partnerin unter den Nagel gerissen, während ich fleißig meine Zeit mit dem Züchten von enorm großen Depressionen verschwendet habe. Und ich finde, dass gerade jetzt vielleicht der mehr als passende Moment gekommen wäre, damit sie ihren massiven Fehlgriff in der Partnerfindungs-Geschichte einsieht, und endlich ihre wohlgeformten Haxen in Bewegung setzt, damit sie mich endlich finden und glücklich machen kann.

Ich hatte also die bösartige Hexe des Westens wegen mangelnder Gelegenheit nicht auf den nächstbesten Scheiterhaufen gezerrt, sondern vielmehr zog sie mich durch die Ehelichung hinüber auf die dunkle Seite der Macht.

Nachdem wir unser Häuschen im ländlichen Idyll zur absoluten Gänze bezogen hatten, stellten wir sehr bald fest, dass dieses ländliche schon wirklich sehr weit weg vom Schuss war. Das Kaff befand sich jetzt zwar nicht am Arsch der Welt, aber von der zweiten Etage der gemieteten Bleibe hatte man eine verdammt gute Aussicht auf ihn.

Im benachbarten Ausland fand ich über eine knuffige Zeitarbeitsfirma einen neuen Job mit sehr ordentlicher Bezahlung, was uns den Start in ein neues Leben etwas vereinfachen sollte. Und falls Sie sich gerade die Frage stellen sollten, ob ich wirklich so ein naives Dumm-

Brot gewesen bin, so muss ich dieses leider mit einem *ja* beantworten.

In Ermangelung eines anderweitig gemeinsamen Hobbys begannen wir uns wieder vermehrt zu streiten, was ich aber gleich mal zum Anlass nahm, um auch endlich wieder eine eigene Meinung zu vertreten.

Maike wiederum reagierte darauf mit der gewohnten Argumentationslosigkeit, und stellte mich wieder als den Mann dar, der eine Frau zusammengeschlagen hat. Allerdings hatte sich eine Kleinigkeit geändert.

Ich ließ mich davon nicht mehr beeindrucken, und schon gar nicht mehr mundtot machen. Wir stritten uns deswegen jetzt auch nicht öfter als sonst, sondern einfach nur länger.

Nach etwa einem halben Jahr kam es dann wirklich zum ultimativen und endgültigen Streit, der es dann ein für allemal beenden sollte.

Es war ein wunderschöner sonniger Tag, und es war der letzte im Monat November des Jahres. Ich kam von meiner Arbeit direkt aus der Nachtschicht, legte mich nachdem ich Zuhause war zum Schlafen nieder, und erwachte leider schon wieder gegen Mittag, weil jemand die Wohnungstür zugeknallt hatte.

Verzückt über so viel Rücksichtnahme stand ich auch gleich auf, um mir einen Kaffee zu kochen, und mich artig für das gefühlvolle Aufwecken zu bedanken. Es kam, wie es wohl kommen musste: Wir begannen mal wieder zu streiten.

Was als normales Streitgespräch begann, entwickelte sich schon bald in eine lautstarke Auseinandersetzung. Maike wurde immer hysterischer, und ich konnte ihr schon längst gedanklich nicht mehr folgen, weil ich es mir in den vergangenen Monaten angeeignet hatte, nie wieder den wilden Gedankengängen eines völlig durchgeknallten Menschen zu folgen.

Da sie in ihrer Argumentation schon ziemlich bald mal wieder an ihre Grenzen stieß, weil diese sich nunmal nur zwei Meter jenseits der Startlinie befanden, fing sie auch wie erwartet wieder von unserer Schlag-Aktion an, bei der ich der Schuldige gewesen sein sollte.

Das beeindruckte mich relativ wenig, und schon bald lief ich während unseres Streitgesprächs zur Hochform auf. Maike schien ebenfalls zu bemerken, dass ihr die Situation immer mehr entglitt. Also was lag da wohl näher, als die wohl unglaublichste Drohung von sich zu geben, auf die man in solch einem Moment nur kommen kann?

Sie rempelte mich plötzlich an, während wir uns weiter stritten, und behauptete mit völlig ernster Miene, dass ich sie geschlagen hätte. Okay, ich gebe zu, dass es in dieser Situation unangebracht gewesen sein kann, aber ich konnte mir ein spontanes Lachen einfach nicht verkneifen.

Sie begann jedoch mit diesem „Druckmittel", dass ich sie geschlagen hätte, darauf zu beharren, ich solle den Streit sofort beenden und ihr das Feld als Siegerin überlassen, bevor sie die Polizei rufen würde.

Entgegen ihrer Erwartung lachte ich sie immer mehr aus, und forderte sie anhand der Tatsache, dass ich sie nicht mal angefasst hatte, dazu auf die lieben Herren von der Polizei zu rufen.

Was sie dann auch tat.

Ich lauschte recht amüsiert ihren Schilderungen am Telefon, als sie der Polizei erzählte, was hier bei uns Zuhause angeblich vorgefallen war. Nachdem sie ihre telefonische Märchenstunde beendet hatte, drohte sie mir noch schnell, dass die Polizei unterwegs sei, und sie mich in den Knast bringen würde, bevor sie unsere Wohnung verließ.

Nach nur wenigen Minuten hörte ich, wie sie dann ihr Auto startete, und weg fuhr.

Für mich war in diesem Moment klar, dass ich nicht eine Sekunde länger in diesem Haus bleiben wollte, und begann ein paar Klamotten zu packen. Allerdings wollte ich jetzt auch nicht einfach verschwinden, wenn doch ein paar hilfsbereite Polizisten auf dem Weg hierher waren. Die Höflichkeit gebot es mir, dass ich erstmal auf deren Eintreffen warten würde, um dann im direkten Anschluss dieses Haus und meine Frau zu verlassen, und diesmal für immer.

Nachdem ich ein paar Sachen gepackt hatte, trank ich in aller Ruhe eine Tasse Kaffee, während ich draußen das Eintreffen eines Polizei-Autos vernahm.

Ich bat die Herren recht freundlich herein, und diese erkundigten sich erstmal nach dem Verbleib meiner Ehefrau. „Die ist weg“, war jetzt bestimmt nicht die allerbeste Antwort, aber mir fiel nicht wirklich eine bessere ein.

Auf die Nachfrage der Polizisten, was ich denn damit meinen würde, konnte ich leider keine aufklärendere Antwort liefern, als ich den Herren mitteilte, dass meine Frau in ihr Auto gestiegen und weggefahren sei. Es ist nur verständlich, dass die Herren meine Antwort nicht so ganz glauben wollten, denn immerhin hatte ja eine geschlagene und verängstigte Frau bei ihnen um Hilfe gerufen am Telefon.

Sie fragten sehr höflich, ob sie sich mal ein wenig im Haus umsehen dürften, worauf ich ihnen offerierte, sie mögen sich ganz wie Zuhause fühlen.

Sie schauten in die Zimmer des Hauses, und auch auf den Dachboden, wobei sie aber nicht mal im Ansatz irgendwelche Kampfspuren oder auch Blut entdecken konnten.

Ich erklärte der berittenen Polizei was wirklich hier vorgefallen war, und bot ihnen einen Kaffee an.

Die Herren neigten dazu meiner Geschichte eher zu glauben, und waren sichtlich angepisst, dass Maike sich einfach so vom Acker gemacht hatte.

Sie baten mich ihr auszurichten, dass man sowas nicht macht, erst um Hilfe zu rufen und dann abzuhauen, aber ich gab den Polizisten zu verstehen, dass ich nicht die Absicht hatte noch länger hier zu bleiben, und dass sie ihr das doch gefälligst selbst ausrichten mögen.

Ich fragte aber die netten Herren noch, ob sie mich vielleicht mit in die Stadt nehmen könnten, da ja meine Frau das Auto mitgenommen hatte, aber sie teilten mir mit, dass sie das nicht machen dürften, wenn ich nicht verhaftet sei. Das hätte wohl irgendwie versicherungstechnische Gründe, warum sie das nicht machen dürften.

Also fuhren die Herren von der Polizei wieder weg, und ließen mich alleine in dem Haus zurück, ganz in der Nähe vom Arsch der Welt.

Etwa vier Kilometer von unserem Haus befand sich die nächste Ortschaft, und es grenzt fast an ein Wunder, dass es dort einen Bahnhof gab. Ich packte also mein kleines Gepäckstück mit den sprichwörtlichen sieben Sachen, und machte mich zu Fuß auf den Weg.

Als ich die Haustür hinter mir schloss, wusste ich, dass es dieses Mal auch wirklich das letzte Mal gewesen sein sollte.

Ich erreichte den Bahnhof, kurz nachdem ein Zug ihn verlassen hatte, was mir eine ganze Stunde Wartezeit bescherte. In einer nahe gelegenen Kneipe trank ich dann zur Verdauung der letzten Stunden ein Bier.

Nach einem zweiten geleerten Glas machte ich mich dann auch wieder auf den Weg zum Bahnhof, zog mir ein Ticket in die Freiheit, und stieg in den bald einlaufenden Zug.

Ich hatte mich mit Laetitia in Verbindung gesetzt, und ihr von meinem ganzen Dilemma erzählt, worauf ich von ihr erfuhr, dass ihre alte Wohnung gänzlich frei und ungenutzt sei. Noch am gleichen Abend konnte ich dort einziehen, denn viele Sachen hatte ich ja nicht bei mir.

An einem der nächsten Tage suchte ich einen Anwalt auf, erzählte ihm offen die ganze Geschichte, und beauftragte ihn für mich die Scheidung einzureichen.

Und auch wenn ich mich endlich aus eigener Kraft von dieser unmöglichen Frau befreit hatte, so rutschte ich doch in den kommenden Wochen in eine der tiefsten Depressionen meines Lebens, deren Nachwirkungen sogar noch bis zum heutigen Tage andauern. Als ich dieses Buch schrieb, lag die Trennung etwas mehr als sieben Jahre zurück.

Aber warum? Warum konnte ich die ganze Sache nicht einfach beenden, abhaken, und ein neues Leben voller Freude beginnen?

Kapitel 17

Die letzte Meile

Falls ich dann doch nochmal irgendwann eine kleine Auswanderungs-Aktion machen sollte, wäre jetzt wohl der ideale Zeitpunkt dafür. Ich benachrichtige einfach ein Fernseh-Team von VOX, damit sie mich und meine Odyssee mit einer Kamera begleiten, in ein Land, dessen Sprache ich nicht spreche, aber immerhin den ganzen Tag die Sonne scheint.

Da stehe ich dann also mit meinem Hot-Dog-Stand in Simbabwe an der Autobahn, zähle den ganzen Tag die vorbeifahrenden Autos, und bin mir dabei ziemlich sicher, dass ich diese locker an einer Hand abzählen kann. Und wenn mir nach etwa 11 Tagen die Hot Dogs ausgehen sollten, esse ich einfach den Kameramann, der bestimmt schon vorher genau wusste, was für einen riskanten Job er hat.

Und dann kommt mir die rettende Idee: Usbekistan! Ich hab zwar keine Ahnung was ich da soll, aber der Name klingt fantastisch. Ich verscheuere die Kamera für ein einfaches Ticket, und mache mich auf den abenteuerlichen und schwierigen Weg an meinen zukünftigen Arbeitsplatz. Viel größer dürfte das Land auch nicht sein. Aber auch dort würde es mir wohl schwerfallen Wurzeln zu schlagen, denn der Boden ist viel zu hart dafür, also dann doch nach Irland. Wenn schon arbeitslos, dann wenigstens in einem Land, das ein paar gute Whiskys hat.

Und wenn ich mich nicht Ire, sind die Bewohner sogar ziemlich menschlich.

Aus aktuellem Anlass, bezüglich der Thematik des vorangegangenen Kapitels, habe ich die Sinnfrage schon gestern für beendet erklärt, und mich mal wieder gedanklich einem meiner Lieblingsthemen gewidmet, dem man eigentlich schon im Ruhemodus viel zu viel Beachtung und Zuneigung schenkt. Aber was macht man nicht alles, wenn die Beziehung, die Partnerschaft oder auch die Ehe in die Brüche geht, und auch drei große Tassen Kaffee und eine Tafel Schokolade den Hirnstrom nicht abebben lassen...?

Richtig, man stellt Überlegungen an. Man wirft die bereits laufende Gedankenmaschine an, was sich in etwa so anfühlt, als würde man bei Tempo 180 den Rückwärtsgang einlegen, und beobachtet, wie sich vor dem inneren Auge die aktuellen Bilder der Realität mit den Hirngespinsten einer Was-wäre-wenn-Situation fleißig paaren.

In meiner Vergangenheit sind nun doch schon einige Beziehungen den Bach runtergegangen, und nach reiflicher Überlegung war mir auch klar, dass das nicht nur nach den Regeln der Physik, sondern auch nach den Regeln eines glücklichen Lebens der einzig sinnvolle Weg gewesen ist, den diese hätten nehmen können.

Eine gescheiterte Beziehung ist eben schon für einen gesunden Menschen schwer zu verkraften. Es wird geheult und gejammert, und man flucht und schimpft, und dann heult man noch ein bißchen mehr, und egal wie viele Tränen fließen, es scheint nie genug zu sein. Das Gefühl der Ohnmacht ist überwältigend, denn es breitet sich eine Taubheit über den ganzen Körper aus, und das Innere scheint sich mit sättigender Leere zu füllen.

Um wieviele Male müsste man das alles multiplizieren, damit man in etwa nachvollziehen kann, was sich in einem Depressionisten abspielt?

Grenzenlose Traurigkeit, obwohl man eigentlich gar nicht in der Lage ist zu trauern. Tränen, die vergossen werden, ohne jemals eine Chance zu haben diese brennende Qual zu löschen. Fragen über Fragen, auf die niemals eine Antwort gefunden wird, weil es einfach zu viele sind, und minütlich auch neue dazu kommen. Ein Leben, das in Frage gestellt wird, weil es anscheinend jeglichen Sinnes beraubt worden ist. Träume, die man hatte, liegen eingestürzt im Staub der Fantasie, und das Monster der Selbstzerfleischung streift auf ergiebiger Nahrungssuche eifrig durch die Ruinen umher.

Warum? Warum bin ich es immer, den es trifft? Was habe ich falsch gemacht? Bin ich wirklich so ein schlechter Mensch? Bin ich es wirklich nicht wert, dass ich auch mal irgendwann mein Glück finde? Die letzten Wochen, Monate,

Jahre. Sie liegen zerschlagen zu meinen Füßen. Alles, wofür ich gekämpft habe ist auf einmal total sinnlos, und scheint für alle Zeiten verloren zu sein.

Warum nehme ich Medikamente? Warum mache ich Therapien? Damit ich am Ende doch wieder einsam und alleine bin?

Dass ich immer wieder zu spüren bekomme, dass ich es nicht verdient habe glücklich zu sein? Endlich mal Ruhe zu haben? Einen Partner? Oder ein Leben..?

Ich bin leider schon vor vielen, vielen Jahren an Depressionen erkrankt, und ich hatte wirklich Zeit mich irgendwie damit zu arrangieren, wobei mir mein unkaputtbarer Humor wahrscheinlich schon sehr oft das Leben gerettet hat.

Keine Situation scheint mir zu Ernst zu sein, als dass man nicht noch einen Witz darüber machen könnte. Auch wenn ich in die Notaufnahme eingeliefert werde, oder im Krankenwagen liege. Auch bei Beerdigungen werde ich manchmal dazu verleitet.

Humor ist für mich eine Waffe, die mächtiger ist als alle Tabletten und Mediziner auf der ganzen Welt. Ohne Humor würde es mich bestimmt schon lange nicht mehr geben. Denn wer eben so aussieht wie ich, braucht eine ganze Menge davon.

Also was bleibt sonst zu tun, wenn es so scheint, als würde das Leben keinen Sinn mehr ergeben? Wenn der Mensch, den man über alles geliebt hat, plötzlich weg ist? Wenn man alleine zurück bleibt, nur mit der Trauer und der inneren Leere? Ein *normaler* Mensch spricht unter diesen Umständen sogar schon die magischen Worte aus: Ich will nicht mehr leben! ...also, was tun dann wir Depressionisten?

Jedesmal wenn wir aufwachen, haben wir eine neue Chance. Eine Chance, etwas zu verändern. Eine Chance, zu erkennen, dass nur wir selbst etwas ändern können. Wir haben eine Chance, um unser Leben wieder auf Kurs zu bringen.

Und wenn wir uns zu Bett begeben, mit dem Wissen, dass es heute nicht geklappt hat, dann können wir trotzdem beruhigt sein. Denn wenn wir wieder erwachen, haben wir eine neue Chance.

Für jeden Menschen ist das Leben ein Kampf. Einige müssen mehr, und andere weniger kämpfen. Wir Depressionisten müssen es ständig, sogar wenn wir schlafen wollen. In unserem Innersten tobt eine Art Krieg, den wir nur gewinnen, wenn wir diese eine Chance nutzen. Jeden Tag aufs Neue.

Falls ich allerdings diesen Krieg irgendwann doch einmal verlieren sollte, dann bleibt mir immer noch mein kleiner, feiner Hot-Dog-Stand in Simbabwe an der Autobahn.

Nachdem das Martyrium mit Maike beendet, und die Scheidung eingeleitet war, konnte ich mich endlich um meine psychische Gesundheit kümmern, die unter den ganzen Turbulenzen doch ziemlich arg gelitten hatte.

Und als ich dann auf der Suche nach professionellem, seelischem Beistand bei meinem Therapeuten Doktor Leidlich gelandet war, und ihm unter Schluchzen meine Leidensgeschichte völlig schonungslos erzählt hatte, dachte ich, dass der Heilungsprozess doch bald beginnen könnte.

Zu meiner großen Überraschung glaubte er aber nicht im mindesten daran, dass ich die bösen Erlebnisse der letzten drei Jahre irgendwie verarbeiten müsste. Seine Sorge galt vielmehr der Tatsache, dass ich zum Beginn meiner Therapie bei ihm immer noch solo war. Für ihn war klar, dass meine Heilung daran geknüpft war, dass ich wieder eine neue Frau kennenlerne, und eine neue Beziehung beginne. Natürlich müsste ich diese ja nicht gleich heiraten.

Mir war aber absolut nicht nach einer Beziehung, oder überhaupt wieder eine Frau kennen zu lernen. Und es sollte auch tatsächlich noch zwei Jahre dauern, bis ich mich wieder einer Frau nähern konnte.

Aber vorerst ging mein Leben alleine weiter, mit einem neuen Job und neuen Freunden, und ganz langsam begann ich mir einen Weg aus dem tiefen Tal meiner Depression zu bahnen.

Natürlich verlief auch diese Zeit nicht vollkommen ohne Rückschläge.

Aber ist es nicht das, was das Leben an und für sich überhaupt erst ausmacht? Und die Kunst für einen Depressionisten besteht ja auch daraus, dass man sich auf irgendeine Art und Weise so etwas aneignet, wie Selbstbewusstsein. Auch wenn man im Grunde nur so tut, als hätte man welches.

Depressionisten sind zum Großteil echt hervorragende Schauspieler, denen es irgendwie gelingt ihrer ganzen Umwelt etwas vorzugaukeln, egal wie schlecht es ihnen auch gerade gehen mag. Aber sobald sie dann wieder Zuhause in ihrer Wohnung sind, fällt die Maske, und sie brechen innerlich zusammen, denn es erfordert so unglaublich viel Kraft aller Welt glaubhaft zu machen, dass man *normal* ist, und dass man keine psychischen Probleme hat.

Darum fällt es vielen von uns doch auch so unendlich schwer jemanden in sein Leben zu lassen, oder auch überhaupt nur jemanden kennen zu lernen. Denn wir wissen, dass dann irgendwann der Zeitpunkt kommen würde, unsere Masken fallen zu lassen.

Wir sind sozusagen die Anti-Helden in einem bunten Superhelden-Universum, welche es offiziell gar nicht geben darf.

"Wer kennt die Finsternis, die in den Herzen der Menschen wohnt? Der Schatten weiß es."

Mit diesen Sätzen endete jedesmal eine populäre Heft-Serie im Amerika der 30er Jahre, und der "Shadow" war ein radikaler Verbrechensbekämpfer, der mit ungewöhnlichen Fähigkeiten gegen das Böse vorging.

Er war die unbekanntere Version eines Batman, der ja ebenfalls seine Anfänge als maskierter Detektiv feierte, bei dem die Verbrechen durch Kombinationsgabe und Ermittlungen aufgeklärt wurden, und eben nicht durch irgendwelche Superkräfte. Das reale Alter Ego dieses Batman ist ein gebrochener, zutiefst verunsicherter Mann, der als Kind die Ermordung seiner Eltern mit ansehen musste. Ein Kindheitstrauma erzeugt durch Gewalt und Verlust.

Trauer, Wut, Hilflosigkeit... Depression?

Im Schutz der Nacht streift er maskiert durch die dunklen Gassen der Stadt, um Verbrechen zu vereiteln, und anderen Menschen vielleicht sogar ein ähnliches Schicksal zu ersparen.

Helfersyndrom? Persönlichkeitsstörung?

Er verstellt trotz der Verkleidung und Maskierung noch seine Stimme. Manisch-Depressiv? Gespaltene Persönlichkeit? Der Held meiner Kindheit - ein gebrochenes, seelisches Wrack?

Ein Mensch mit bipolarer Störung, der durch das eigenmächtige Bekämpfen des Verbrechens versucht anderen Menschen, potentiellen Opfern, ein ähnliches Schicksal zu ersparen, und ihnen damit ein "normales" Leben zu sichern?

Ein depressiver Mensch als Inkarnation eines Anti-Helden. Ist das eine Figur, die für Kinder geschaffen wurde? Und warum wird diese Art von Comic als Schundliteratur abgetan, zumeist von Erwachsenen, die sich mit so einer tieferen Thematik nicht auseinandersetzen können, oder wollen?

Vielleicht weil Kinder noch etwas weltoffener sind? Weil der gewaltsame Verlust der Eltern für sie ein ähnlich grausames Szenario darstellt, wie für diesen gebrochenen Helden? Weil sie das Denken und Handeln der Figur nachvollziehen können, weil sie noch nicht von Vorurteilen und Erziehung geprägt und verdorben sind?

Ein Kind, das an den Weihnachtsmann glaubt, und sich jedes Jahr wie verrückt auf den gütigen Mann freut, der ihm Geschenke bringt - ist ein solches Kind nicht glücklicher, als ein total aufgeklärter Erwachsener, der mit beiden Beinen fest im Leben steht?

Wann verlieren wir diese Gabe? Die Gabe an etwas zu glauben. An das Gute im Menschen, egal welcher Herkunft oder Nationalität. An die Aufrichtigkeit des Menschen. An die Zukunft.

Ich weiß nicht wirklich, warum ich jetzt einen Depressionisten mit dem dunklen Ritter vergleiche, aber vielleicht, weil viele von uns ebenfalls den Typus des gebrochenen Helden verkörpern. Wir leben unser reales Leben in unserer eigenen kleinen Welt, in unserer nächsten Umgebung, in unseren eigenen vier Wänden.

Und dann verkleiden wir uns, und setzen unsere Masken auf, um draußen in der "echten" Welt nicht erkannt zu werden. Unsere geheime Identität ist die Depression. Und wir maskieren sie jedesmal, wenn wir den normalen Menschen entgegentreten müssen.

Um uns vor ihnen zu schützen. Um sie vor uns zu schützen. Um unsere Rolle zu spielen, und unerkannt unter den Lebenden zu wandeln.

Also los, ihr tapferen Depressionisten! Steigt in eure Hochglanz-Kampfstiefel, zieht euch die Boxer-Shorts über die Leggins und werft euch das scharlachrote Cape über die Schultern; aber werft es nicht so weit, denn sonst müsst ihr es wieder so ewig lange suchen. Euer böser, alter Erzfeind, der garstig finstere Doktor Depri ist wieder unterwegs, um die Psyche der gesamten Menschheit zu unterjochen, und nur eure einzigartige Superkraft kann dem fiesen Schuft Einhalt gebieten. Und was ist das nun für eine unglaubliche Superkraft die euch inne wohnt, und in der Lage ist, den sinistren Doktor Depri zu bezwingen?

Besitzt ihr einen Hitzeblick, der den Kopf eures Gegners wie eine Melone zerplatzen lässt? Könnt ihr vielleicht ein netzartiges Gewebe verschießen, mit dem ihr euren Kontrahenten fesseln und unschädlich machen könnt? Oder habt ihr eine grüne Laterne, die zwar nichts besonderes macht, aber immerhin die Umgebung in unglaublich schönes, grünes Licht tauchen kann?

Nein, natürlich nicht. Niemand von uns steigt in einen Superhelden-Anzug (okay, vielleicht an Karneval, aber sollte das mal über den Aschermittwoch hinausgehen, würde ich im

Zweifelsfall einen fähigen Psychologen aufsuchen), niemand von uns hat übermenschliche Kräfte, und zu allem Übel hat der fiese Doktor Depri noch einige finstere Handlanger im Gepäck, die er uns nur allzu gerne auf die Pelle hetzt.

Und doch besitzt ihr diese unglaubliche "Superkraft", die allerdings in jedem Menschen wohnt, aber bevorzugt von denjenigen gebraucht wird, die nicht mal wissen, dass sie über diese verfügen.

Es ist eine innere Kraft, euer unglaublicher Wille, und die Hoffnung, die wir doch schon so oft verloren geglaubt haben. Diese Hoffnung, die uns immer wieder in der trostlosen, unendlich traurigen Dunkelheit erscheinen mag, wie ein trotzig flackerndes Licht. Eine Kerze, eine Fackel, ein Leuchtfeuer.

... oder vielleicht doch eine grüne Laterne? Im Grunde genommen ist es herzlich egal, wie wir unsere Hoffnung wahrnehmen, solange wir nur erkennen, dass sie noch existiert. So winzig sie auch sein mag, so ist ihre bloße Existenz doch Grund genug dafür zu kämpfen. Sie zu nähren. Ihr Feuer zu schüren, damit sie auch stark genug ist, einem Orkan standzuhalten.

Wir alle sind kleine Superhelden in der Schlacht unseres Lebens. Und wenn euch jemand fragen sollte, wie der Mann heißt, der euch das gesagt hat?

Nennt mich Captain Lottoblitz...

Kapitel 18

Das Märchen vom Depressionisten

Zum Abschluss dieses Buchs möchte ich Ihnen noch eine kleine Geschichte erzählen, die ich vor einiger Zeit geschrieben habe. Ich danke Ihnen sehr für die ganze Zeit, die Sie diesem Buch und mir gewidmet haben.

Es war einmal...

.....vor langer, langer Zeit, und zwar in Zeiten, als das Wünschen noch geholfen hat, da lebte einst ein armer, mittelloser Depressionist einsam am Rande eines kleinen Waldes. Er war der letzte seiner Art, so sagte man, denn die grausame Königin des Ostens hatte vor vielen Jahren sämtliche Depressionisten aus der Stadt vertreiben lassen.

Diejenigen, welche nicht folge leisteten, wurden zur Abschreckung vor den Toren der Stadt an ihrem Halse aufgehängt, während die anderen mit Schimpf und Schande in sämtliche vier Himmelsrichtungen gejagt wurden.

Fortan gab es also in der Stadt nur noch normale Menschen, mit normalen Krankheiten und Gebrechen, und sie konnten von nun an auch alle wieder ihren normalen Arbeiten nachgehen, und ihr normales Tagwerk verrichten.

Eines Tages, als der arme, mittellose Depressionist es vor Einsamkeit nicht mehr aushielt, malte er sich mit Ruß ein lachendes Gesicht und begab sich auf den langen Weg zurück in die Stadt, aus der er einst vertrieben worden war.

Nachdem er zwei Tage und zwei Nächte gewandert war, traf er am dritten Tag auf einen Müller, der ihm aus der Stadt entgegen kam.

"Wohin des Weg's, Müller" fragte freundlich der arme Depressionist.

"Ach, guter Mann, Ihr habt gut lachen" entgegnete der Müller. "Einst hatte ich eine Mühle, und arbeitete zehn Stunden am Tag. Aber die Königin hat die Abgaben erhoben, so dass ich bald achtzehn Stunden am Tag arbeiten musste, um noch gerade so meine Familie und mich ernähren zu können. Vor einer Woche wurde es mir zuviel, und ich brach erschöpft zusammen. Darauf wurde ich aus der Stadt vertrieben."

Der Depressionist zeigte sein aufgemaltes Lachen, und verkündete, "Vielleicht kann ich ja dann für euch euer Tagwerk fortführen, denn ich bin ein ganz normaler Mensch, und möchte gern ein ganz normales Leben führen."

So sprach er, und setzte seinen Weg zur Stadt fort.

Nach zwei weiteren Tagen, und zwei weiteren Nächten, erblickte der Depressionist auf seinem Weg einen Bäcker, der missmutig am Rand der Straße saß.

"Warum so traurig, Bäcker", fragte der Depressionist.

"Ach, ich hab geschuftet, Tag und Nacht, um genug Brot zu backen, damit ich die Steuern bezahlen, und meine Familie ernähren kann. Aber vor kurzem kam kein Mehl mehr, und ich konnte nicht mehr backen. Darauf fiel ich in eine tiefe Krise, und war genötigt diese Stadt zu verlassen", sprach der Bäcker.

Der Depressionist setzte seinen Weg verwundert, aber mit seinem aufgemalten Lachen im Gesicht, weiter fort, und wanderte weitere drei Tage und drei Nächte.

Mit Beginn des neuen Tages erreichte er endlich die Tore der Stadtmauer, die ihn weit geöffnet erwarteten. Erstaunt und misstrauisch betrat er seine einstige Heimatstadt, und er wanderte durch menschenleere Straßen und Gassen. Überall erblickte er jedoch nur verlassene Häuser und vernagelte Geschäfte und Schänken.

Am Palast der Königin traf er auf keine einzige Wache und keinen Soldaten. Der Depressionist erklomm die Stufen, und betrat den Prunksaal durch eine große mit Gold beschlagene Tür.

Am hinteren Ende des Saals, auf dem Thron, saß die Königin, und hob ihr griesgrämiges Gesicht dem Lachenden entgegen.

"Warum lachst du so dumm, du Narr? Bist du
nicht mehr ganz normal..?"
230

Und die Moral von der Geschicht' -
denkt selber nach, ich sag's euch nicht.

Letzte Worte

oder

Ich bring Sie gerne noch zur Tür...

Was bleibt mir jetzt noch zu diesem Buch zu sagen, was nicht schon in den vorigen Kapiteln erwähnt worden ist? Was könnte ich Ihnen noch mit auf den Weg geben?

Seien Sie nett zu Ihren Nachbarn, denken Sie immer daran Ihren Goldhamster zu füttern und wenn Sie die Wahl haben, entscheiden Sie sich im Zweifelsfall *immer* für die Pepperoni-Pizza.

Aber jetzt mal ernsthaft: Was könnte ich Ihnen jetzt noch großartig mit auf den Weg geben? Was habe ich Ihnen hier am Schluss noch zu sagen?

Es gibt eigentlich nur eine Sache, die ich Ihnen an dieser Stelle nochmal ans Herz legen möchte: Es ist alles wahr.

Alles, was ich Ihnen hier erzählt habe, ist wirklich passiert. Bei einigen Passagen nahm ich mir lediglich ein paar humoristische Freiheiten, um es für Sie, und auch für mich, ein wenig erträglicher zu gestalten.

Aber ich habe nichts erfunden, sondern bewegte mich die ganze Zeit auf dem sicheren Terrain der Wahrheit. Denn warum sollte ich mich hier freiwillig als kompletten Vollidioten hinstellen?

Jeder Mensch darf Fehler machen, und es ist ja auch wirklich nicht schlimm, wenn man welche macht. Das gehört zum Leben dazu.

Schlimm ist es nur, wenn man nicht zu seinen Fehlern steht. Und auch das ist einer der Gründe, weshalb ich dieses Buch geschrieben habe.

Es gibt Momente im Leben da kann man nur die falsche Entscheidung treffen. Und es ist dann auch völlig egal, wie die anderen sich bietenden Möglichkeiten auch ausgesehen haben mögen, es wäre immer die falsche gewesen. Es sei denn Sie haben sich für eine Pepperoni-Pizza entschieden, dann haben Sie die richtige Wahl getroffen.

Ich erkläre es Ihnen anhand eines typischen Beispiels zwischen Mann und Frau.

Ein Mann und eine Frau wollen sich einen schönen Abend machen und gehen gemeinsam in ein Restaurant zum Essen. Nachdem beide ausgiebig die Speisekarte studiert haben, wobei die Frau diese vermutlich ein wenig genauer studieren wird, treffen beide Geschlechter dann auch irgendwann ihre Wahl.

Tipp für den Mann: Bestellen Sie niemals, und damit meine ich wirklich absolut *niemals* als erster. Denn das ist es worauf Frauen üblicherweise spekulieren.

Eine Frau studiert nur deshalb so lange die Speisekarte, weil sie genau weiß, dass der Mann schon nach wenigen Sekunden seine Wahl des Hauptgerichts getroffen hat. Und dann kann sie sich in aller Ruhe etwas anderes aussuchen, wohl wissend, dass sie jederzeit einen Freifahrtschein hat, um vom gewählten Menü ihres Partners zu probieren, und notfalls den ganzen Teller des Mannes leer zu futtern.

Ihr merkt, liebe Männer, ihr könnt dabei nie gewinnen. Aber wenn ihr abwartet bis die Frau sich für ein Menü entschieden hat, dann könnt ihr der holden Begleiterin zumindest einen Strich durch die Rechnung machen, indem ihr euch für das gleiche Essen entscheidet.

Natürlich verliert ihr gleichermaßen, auch wenn eure Wahl des Menüs dem der Frau entspricht, denn ich weiß, dass ihr euch lieber für das Steak entschieden hättet, und nicht für diesen veganen Mumpitz mit Salat.

Aber so bleibt euch wenigstens die Genugtuung, dass sie euch diesen echt miesen Grünzeugmampf nicht wegessen wird oder auch nur auf die Idee kommt davon zu probieren, da sie ja weiß wie scheiße der Mist schmeckt.

Wissen Sie jetzt, was ich meine? Ja, genau sowas meine ich. Aber ich schweifte schon wieder ab, suhlte mich in intellektuell vorgetäuschtem Halbwissen, was im Gegensatz zu vielen anderen herausfordernden Wegstationen meines Lebens jedoch nicht einmal ansatzweise dazu verleitete das geflügelte Verb „schwiff" zu benutzen, was doch heutzutage ein Wort ist, dem man sich zumindest nicht zur Gänze verweigern sollte.

Sie bemerken zu recht, ich schreibe wieder verwirrenden Blödsinn, was mich letztendlich doch dazu bringt, hier nicht nur ein Ende zu finden, sondern ebenfalls den langersehnten Schluss-Strich zu ziehen.